Python
Learning by doing

Emanuele Benatti

Python: Learning by Doing

Dedicato a tutti quelli che hanno perso qualcosa e lo cercano in un punto di vista differente.

In questo libro troverai un approccio pratico all'apprendimento del linguaggio di programmazione Python, con esercizi di difficoltà crescente che ti permetteranno di imparare da zero i principali concetti.

Gli esercizi e la (poca) teoria che ti proporrò sono prese dalla mia esperienza di insegnamento del linguaggio alle Scuole Superiori.

Questo libro infatti vuole darti la possibilità, senza troppe pretese, di fare pratica su Python e ripassare molti argomenti logici e matematici affrontati in diverse discipline scientifiche.

INDICE

PARTE 0 - Installazione dell'ambiente e variabili

Python è un linguaggio di programmazione di alto livello, interpretato e orientato agli oggetti, ampiamente utilizzato in diversi ambiti.

La sua sintassi chiara e leggibile, insieme a una vasta gamma di librerie e framework, lo rendono una scelta popolare per sviluppare applicazioni web, programmi di analisi dati, automazione di task, intelligenza artificiale e tanto altro.

In questa prima parte installiamo l'ambiente e partiamo a fare i primi semplici esercizi per imparare da zero i concetti principali. Nelle successive parti poi si analizzeranno le strutture più avanzate del linguaggio: liste, funzioni e dizionari.

Ogni breve spiegazione di teoria è seguita da una serie di esercizi commentati che ti consiglio di provare a svolgere in autonomia perchè credo fermamente che **l'unico modo di imparare davvero un linguaggio di programmazione sia fare programmi**.

Esercizio 1: Hello World


```python
print("hello world")
```

Questo esercizio è il **classico** inizio che viene proposto in ogni corso per provare che tutto funzioni e che l'ambiente sia correttamente configurato.

Usiamo l'esercizio per capire come sia possibile creare i nostri programmi ed eseguirli tramite l'interprete di Python.

La prima cosa da fare è quella di installare l'interprete che esegue i programmi. Per farlo dovrai andare su: https://www.python.org/downloads/ e scaricare l'ultima versione disponibile di Python per il tuo sistema operativo. Questo software installerà tutto ciò che è necessario per mandare in esecuzione sulla tua macchina i programmi che andrai a realizzare in questo libro.

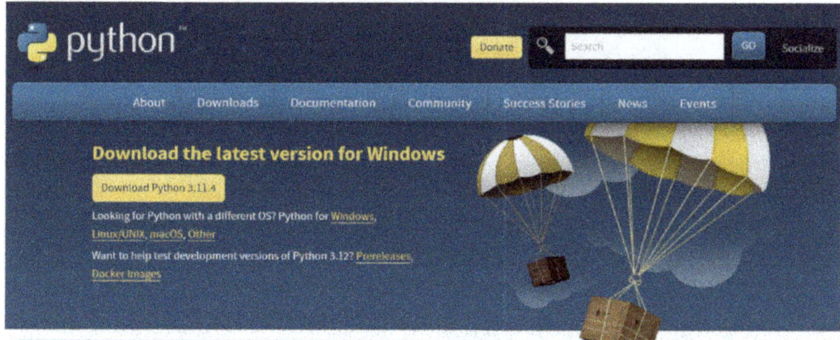

Adesso dobbiamo decidere come creare e modificare i file che andremo a fare e che l'interprete Python eseguirà.

La prima possibilità , tramite il tuo sistema operativo, è quella di **utilizzare un editor di testo** come "Notepad++" (https://notepad-plus-plus.org/downloads/) in Windows, o "Geany" (https://www.geany.org/) in Linux.

Questi programmi semplificano la scrittura corretta dei programmi offrendo una correzione semi automatica degli errori del linguaggio.

I "programmi sorgenti" di Python sono da salvare con l'estensione ".py".

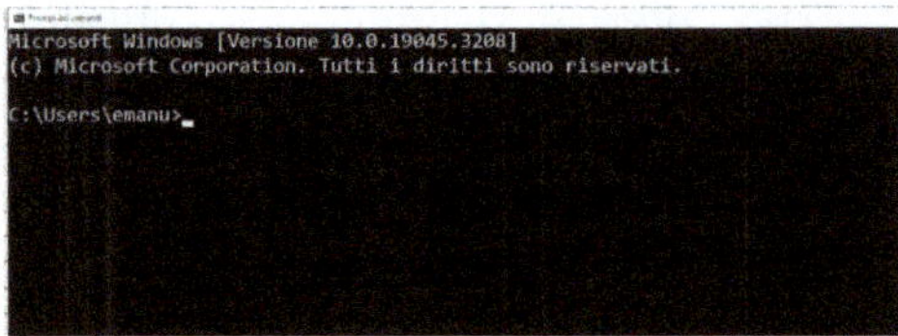

Per mandare un file ".py" in esecuzione puoi usare il prompt dei comandi (in Figura), cioè l'interfaccia a comandi del tuo sistema operativo.

Dal prompt dovrai posizionarti nella cartella dove hai salvato il file (in questo caso l'esercizio è stato chiamato **es00.py ed è salvato nella cartella C:\Users\emanu**) e avviare il programma digitando il comando **python es00.py.**

In questo modo l'interprete caricherà ed eseguirà il tuo programma partendo dalla prima riga.

La seconda possibilità è quella di **utilizzare l'IDLE Python.**

IDLE (Integrated Development and Learning Environment) è un programma più complesso che integra un insieme di strumenti per poter scrivere, salvare ed eseguire i tuoi programmi direttamente in un unico ambiente.

Una volta installato Python puoi trovare tra i programmi installati l'IDLE.

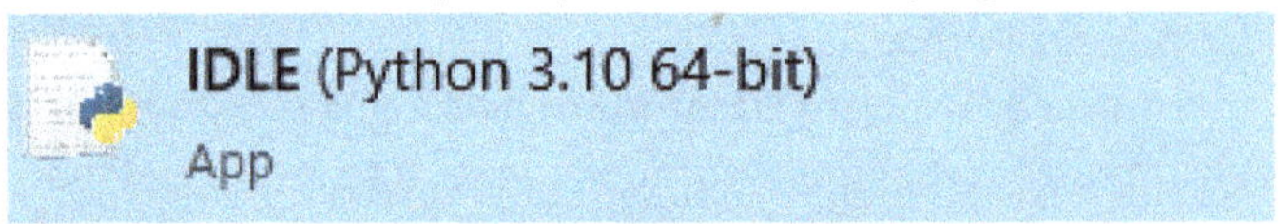

Una volta aperto l'IDLE potrai creare un nuovo file o aprirne uno già esistente tramite il menù file.

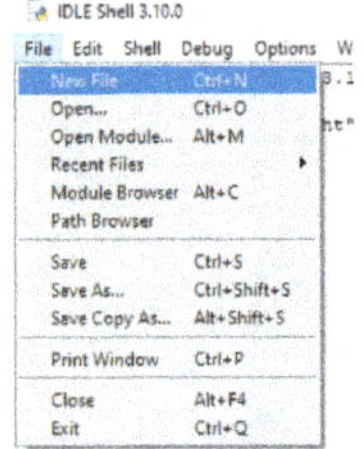

Da qui puoi modificare il tuo codice in un editor di testo integrato e potrai eseguirlo premendo su F5 sulla tastiera o andando nel menù: Run > Run Module.

```
es00.py - C:\Users\emanu\Desktop\es00.py (3.10.0)              —    □    ×
File  Edit  Format  Run  Options  Window  Help
print("hello world")
```

Eseguendo un programma si aprirà una IDLE Shell che non è nient'altro che uno strumento che restituisce i risultati (output) generati dal programma che hai scritto.

```
IDLE Shell 3.10.0                                             —    □    ×
File  Edit  Shell  Debug  Options  Window  Help
    Python 3.10.0 (tags/v3.10.0:b494f59, Oct  4 2021, 19:00:18) [MSC v.1929 64 bit (
    AMD64)] on win32
    Type "help", "copyright", "credits" or "license()" for more information.
>>>
    ==================== RESTART: C:\Users\emanu\Desktop\es00.py ====================
    hello world
>>>
```

Nel caso in cui ci fossero degli errori all'interno del codice essi saranno evidenziati tramite un pop-up di errore.

<u>Tornando all'esercizio...</u> la funzione **print** stampa tutto ciò che è presente all'interno delle parentesi. In questo caso copierà le parole "hello world" sullo schermo nel prompt quando il programma sarà eseguito. Le virgolette sono obbligatorie e delimitano il testo da stampare.

Esercizio 1: Differenza di numeri

> Scrivi un programma che salva in due variabili due numeri, li stampa e calcola la loro differenza.

```python
x = 10 + 7 #somma
y = 15     #assegnazione
print("i valori di x, y e la differenza sono:", x, y, y-x)
```

In questo esercizio usiamo due concetti: quello di **variabile** e quello di **assegnazione** di un valore (o di una espressione) ad una variabile.

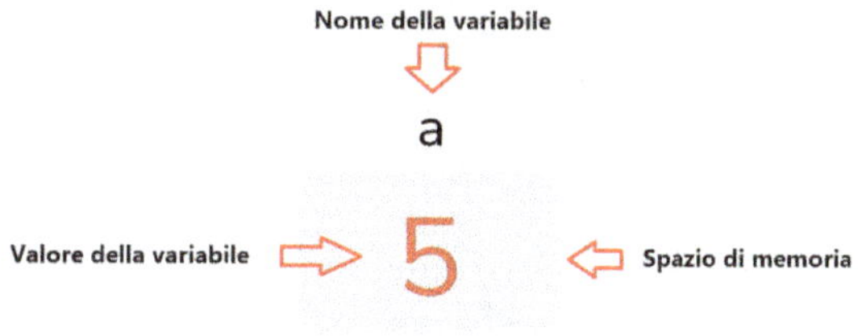

Una **variabile** è uno spazio di memoria avente un nome simbolico (x ad esempio) al quale viene assegnato un valore. Molte volte questo valore può essere un numero, una stringa, un carattere oppure il risultato di un'operazione matematico / logica.

PARTE 0 - Installazione dell'ambiente e variabili

Nel nostro esercizio alla variabile dal nome simbolico x viene assegnato il valore risultante dal calcolo del risultato dell'espressione 10 + 7 ed alla variabile y viene memorizzato il valore 15. <u>Per fare l'assegnazione si usa l'operatore uguale (=).</u>

Nei prossimi esercizi utilizzeremo le variabili per memorizzare diversi risultati calcolati dai programmi: non necessariamente saranno sempre numeri interi.

Come nel primo esercizio usiamo l'istruzione **print** per stampare un risultato.

In particolare, nella funzione, tutto ciò che è all'interno delle virgolette sarà copiato così com'è. Tutto ciò che segue sono variabili, in questo caso l'interprete calcolerà il loro valore attuale e lo scriverà a terminale. Le virgole presenti nella funzione print sono obbligatorie e separano le diverse parti che vengono stampate.

È sempre possibile effettuare un calcolo matematico direttamente nell'operazione di stampa (come è stato fatto nell'esercizio).

Ci sono diversi **<u>tipi di dati</u>** memorizzabili nelle **<u>variabili</u>**. I principali sono:

- **Intero** (int): Rappresenta un numero intero, ad esempio: 5, -10, 0.
- **Float** (float): Rappresenta un numero decimale, ad esempio: 3.14, -2.5, 0.0.
- **Booleano** (bool): Rappresenta il valore di verità True (vero) o False (falso).
- **Stringa** (str): Rappresenta una sequenza di caratteri racchiusa tra apici singoli o doppi, ad esempio: "hello", 'python'.
- **Caratteri** (chr): Rappresenta un solo carattere salvato tra singoli apici, esempio 'a'.
- **Lista** (list): Rappresenta una sequenza modificabile di elementi di altro tipo, racchiusi tra parentesi quadre, ad esempio: [1, 2, 3].
- **Tuple** (tuple): Rappresenta una sequenza immutabile di elementi di altro tipo, racchiusi tra parentesi tonde, ad esempio: (1, 2, 3).
- **Dizionario** (dict): Rappresenta una collezione di coppie chiave-valore, racchiusi tra parentesi graffe, ad esempio: {"nome": "Mario", "età": 30}.
- **Insieme** (set): Rappresenta una collezione di elementi unici e non ordinati, racchiusi tra parentesi graffe, ad esempio: {1, 2, 3}.

In ogni programma potrete vedere alcune righe che iniziano con un #.

Queste righe sono le cosiddette **righe commentate**: esse sono righe di codice che l'interprete ignorerà durante l'esecuzione.

I **commenti nel codice** servono a:

- rendere **più leggibile** il codice,
- **spiegare la logica delle istruzioni** scritte, cioè dire in linguaggio semplice cosa è stato fatto,
- **rendere maggiormente capibile e modificabile** il codice,
- **fare test del codice scritto, in quanto una riga commentata non viene eseguita.**

Nei prossimi esercizi vedrete diversi commenti negli esercizi che userò per spiegare il codice. Qualora il commento sia più lungo di una riga il commento dovrà iniziare e terminare con tre virgolette """.

Esercizio 2: Quadrato di un numero

Scrivi un programma che legga un numero da tastiera e calcola il quadrato di quel numero.

```python
x = eval(input("digita un numero intero"))
quadrato = x * x
print("il valore del quadrato di x vale",quadrato)
```

In questo esercizio introduciamo al concetto l'**input di un valore**, cioè l'<u>inserimento</u> di un dato all'interno del nostro programma <u>da parte dell'utente</u>.

Intendo per utente chiunque esegua, tramite l'interprete, il codice sorgente del nostro programma.

In Python, per permettere all'utente di inserire un valore da tastiera, si utilizza il comando/funzione **input()**.

Il comando sospende temporaneamente l'esecuzione del programma fintantoché l'utente digita un valore sulla tastiera e preme "invio". Questo valore sarà salvato, nel programma, all'interno della variabile x tramite la presenza dell'uguale.

La funzione **eval**, che significa "valuta l'espressione", viene inserita all'interno della funzione di **input** perché nel momento in cui all'utente è richiesto di digitare un numero non posso sapere a priori quale tipo di input inserirà (ad esempio potrebbe inserire un numero con o senza la virgola). Facendo questo rendo funzionante il programma in (quasi) tutti i casi.

La **funzione print** dell'esercizio di solito dopo aver stampato qualcosa **va a capo**.

12

PARTE 1 - Strutture di sequenza e selezione

In questa parte entriamo nel vivo del linguaggio con le cosiddette strutture di controllo del linguaggio Python: **sequenza, selezione binaria, iterazione**.

Esercizio 3: Prove tecniche di visualizzazione

> Scrivi un programma Python che legga un numero intero da tastiera e stampi la seguente stringa.
> Prove
>   Tecniche
>   di visualizzazione 7
> <u>Dove 7 è il numero letto da input.</u>

Questo esercizio ci permette di studiare la **<u>formattazione del testo in Python</u>** tramite la funzione print.

Formattare è un procedimento di strutturazione e decorazione grafica che rende un output del programma più **<u>leggibile e più comprensibile per chi lo usa.</u>**

Tramite la funzione print è possibile usare delle combinazioni di caratteri speciali, i cosiddetti terminatori che, se inseriti nella funzione print, permettono di modificare la forma del testo in output.

I principali terminatori sono:

 \a significa Segnale acustico (avviso)

\n significa Nuova riga

\r significa Ritorno a capo (sulla stessa linea)

\t significa Tabulazione (un po' di spazi)

\' significa Una virgoletta

\" significa Doppie virgolette

Applicando in particolare "\t e \n" al nostro esercizio questa è la soluzione:

```python
x = eval (input ("digita il valore di X"))
print ( "prove \n\t tecniche \n\t\t di visualizzazione " , x )
```

Esercizio 4: Sconto

> Scrivi un programma che, letti tre prezzi di altrettanti prodotti, decrementi i prezzi rispettivamente del 10% del 20%, del 30%.
> Stampa i risultati tutti sulla stessa (unica) riga.

Per fare in modo che la funzione print resti sulla stessa linea è necessario introdurre un parametro (in altri termini un comando ulteriore) che dica alla funzione che l'ultimo carattere che deve scrivere non è il terminatore ' \n' ma qualcosa d'altro.

<u>Esempio:</u>

print("ciao",end="\t")

print("a tutti")

Questo codice viene scritto tutto su una stessa linea perché viene aggiunta una tabulazione tra la parola "ciao" e le parole "a tutti".

```python
#Input dei tre Costi dei prodotti
primoCosto = eval(input("Digita il primo valore:"))
secondoCosto = eval(input("Digita il primo valore:"))
terzoCosto = eval(input("Digita il primo valore:"))

#Calcola il valore scontato
primoCostoScontato = primoCosto - primoCosto*10/100
secondoCostoScontato = secondoCosto - secondoCosto*20/100
terzoCostoScontato = terzoCosto - terzoCosto*30/100

#Stampa Risultato
print("Primo Prezzo:", primoCostoScontato,"\nSecondo Prezzo:",
secondoCostoScontato,"\nTerzo Prezzo:",terzoCostoScontato, end=" ")
```

Nella soluzione della consegna invece vediamo come sia possibile svolgere più operazioni matematiche nella stessa riga. Viene seguito, per calcolare i risultati, l'ordine di svolgimento previsto per gli operatori più, meno, per e diviso.

Per cambiare l'ordine delle operazioni si possono usare le parentesi tonde.

Esercizio 5: Conversione valuta

Scrivi un programma Python che legga una quantità di denaro espressa in dollari e la converta in Euro. Il tasso di cambio è inserito dall'utente.

```python
# Leggi la quantità di denaro in dollari
quantita_dollari = float(input("Inserisci la quantità di denaro in dollari: "))
# Leggi il tasso di cambio da dollari a Euro
tasso_di_cambio = float(input("Inserisci il tasso di cambio da dollari a
Euro: "))
# Effettua la conversione in Euro
quantita_euro = quantita_dollari * tasso_di_cambio
# Stampa il risultato
print(f"{quantita_dollari:.2f} dollari equivalgono a {quantita_euro:.2f}
Euro.")
```

In questo esercizio mostro come sia possibile inserire un numero decimale (cioè con la virgola) usando la funzione **float**. Usare la funzione **float** converte la stringa inserita in un numero decimale. È del tutto equivalente ad usare eval() .

Nella stampa dei risultati invece avviene una formattazione delle variabili, che serve a controllare quanti decimali vengono stampati.

Le **parentesi graffe** vengono utilizzate per indicare dove inserire il valore da formattare all'interno della stringa stampata e **.2f** infine formatta il numero da riprodurre con due cifre decimali.

Esercizio 6: Scambio di due variabili

Scrivi un programma che, letti due numeri a e b, scambi il valore di a con quello di b. Stampa i valori prima e dopo lo scambio.

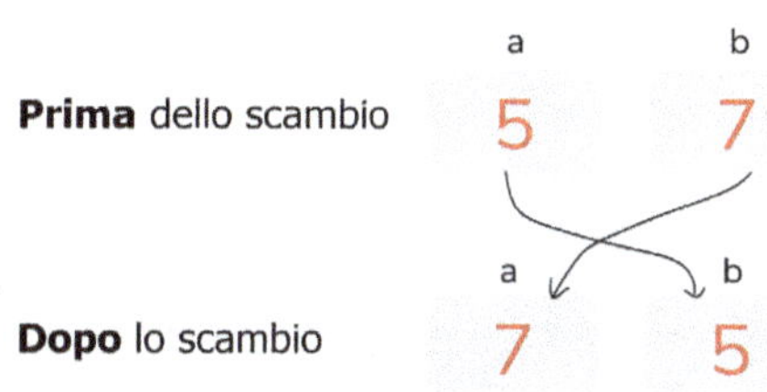

Per risolvere il classico problema dello scambio del valore di due variabili, non è possibile usare solo le due variabili ma è necessario appoggiarsi ad una terza variabile temporanea (chiamata temp) che memorizzerà uno dei due numeri per poi fare lo scambio.

Se non utilizzassi una variabile temporanea per fare lo scambio perderei uno dei due valori delle variabili e non sarei in grado di farlo .

```python
a=eval(input("digita a"))
b=eval(input("digita b"))

print("a iniziale=", a)
print("b iniziale=", b)

temp = a
a    = b
b    = temp

print("a dopo lo scambio=", a)
print("b dopo lo scambio=", b)
```

Esercizio 7: Conversione di un orario in secondi

Scrivere un programma che riceve un orario in formato ore, minuti e secondi e lo restituisce espresso solamente in secondi.

PARTE 1 - Strutture di sequenza e selezione

```python
h = int(input("digita le ore"))
m = int(input("digita i minuti"))
s = int(input("digita i secondi"))

tot =( h * 60 * 60 )+( m * 60) + s

print("il totale dei secondi e'", tot)
```

In questo esercizio tramite la funzione **int()** Python converte un valore letto in input in un numero intero. Un numero intero è un numero senza parte decimale (quindi la parte dopo la virgola) e che può essere positivo o negativo.
Le parentesi tonde permettono di gestire la precedenza di svolgimento delle operazioni come avviene con le espressioni in Matematica.
In Python esistono però solo le parentesi tonde.

Esercizio 8: Numero positivo o negativo

Scrivi un programma che, letto un numero, verifichi se è esso è maggiore di zero.

Questo esercizio introduce una struttura di controllo importante di Python: **la selezione binaria.** Per usarla si usa anche il concetto di indentazione del codice.
Nella teoria degli algoritmi, la selezione binaria, è una struttura che **sceglie, in base alla verifica di una condizione logica specificata, quale tra due "sequenze di istruzioni" diverse eseguire**, realizzando dunque un controllo logico di elaborazione.
Esempio: sto guidando una autovettura e devo recarmi ad una meta; ad un certo punto mi trovo un bivio tra due strade, effettuando un controllo dei cartelli stradali, quale tra le due strade è quella corretta per andare alla meta? sceglierò la strada di destra o quella di sinistra?
L'esempio della strada rende l'idea perché nella selezione binaria:

- **effettuo un controllo logico** di elaborazione, controllando una condizione Matematica, (ad esempio x>0 , x==5, x<0) tramite l'istruzione **if**,
- **se** questo controllo logico ha come risultato **Vero (True)** effettuo una sequenza di istruzioni (sequenza del vero),
- **altrimenti (Else)** se il risultato del controllo logico è Falso effettuo un'altra sequenza di istruzioni (sequenza del falso).

Nella selezione binaria una sola sequenza di istruzioni quindi tra le due possibili può essere eseguita dopo aver verificato questa "condizione".
Graficamente, per verificare se un numero x sia maggiore di zero, rappresento la selezione così:

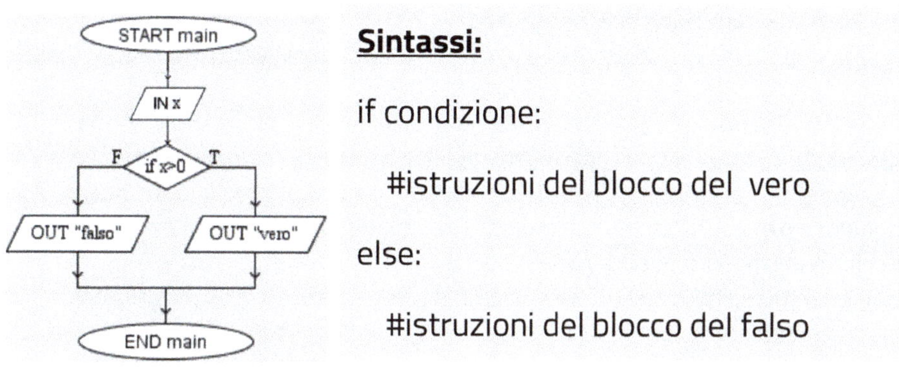

Sintassi:

if condizione:

   #istruzioni del blocco del vero

else:

   #istruzioni del blocco del falso

L'esercizio risolto è questo:

```python
x=eval(input("Digita un numero X"))
if x>0:
    print("vero")
else:
    print("falso")
```

I due blocchi di istruzioni (del vero e del falso) **sono rappresentati** (separati)
**tramite l'inserimento di uno spazio bianco (indentazione) all'inizio di ogni riga
delle istruzioni.** Questo spazio di solito è di alcuni caratteri.
La parola chiave **else**: serve per specificare tutte le istruzioni che devono essere
eseguite se la condizione è **falsa.**
Tutte le istruzioni "indentate" (spostate) verranno eseguite in sequenza e
logicamente quelle del blocco del vero sono diverse dalle istruzioni indentate
presenti nel blocco dell'else (falso).

Esercizio 9: Pari o Dispari?

Scrivi un programma che, letto un numero, verifichi se è esso è pari.

Questo esercizio è simile al precedente ma introduce un nuovo operatore.
Per risolvere questo esercizio bisogna utilizzare **l'operatore di modulo**.
Il **modulo** è un operatore matematico che si rappresenta con il % che restituisce il
resto intero della divisione intera tra due numeri.
Esempi:
-     17% 5 = 2.
Il modulo non effettua la percentuale di due numeri e/o la divisione ma calcola solo il
resto (intero).
Ci si chiede pertanto in questo caso qual è il resto (intero) della divisione (intera) tra

17 e 5? Il risultato è quindi 2. Altri esempi:
- 22%9 =4 In questo caso 4 perché 22/9 fa 2 con il resto di 4, analogamente,
- 17%2 =1
- 12%2=0

<u>Questi ultimi due esempi ci permettono, oltre a capire il resto, di definire quando un numero è pari o dispari</u>. Infatti, applicando l'operatore di modulo con due, se il numero è pari il risultato sarà sempre 0. Diversamente se il numero è dispari, il risultato del modulo con 2 sarà sempre 1.

Nell'esercizio quindi, cercherò se un numero pari e se è cosi faccio le istruzioni immediatamente successive. Nel caso invece di un numero dispari il programma salterà tutte le istruzioni comprese tra l'if e la parola chiave else.

```python
x=eval(input("Digita un numero X"))
if x%2==0:
    print("x è un numero pari")
else:
    print("x è un numero dispari")
```

Nella condizione dell'if della soluzione con **==** si intende l'uguaglianza Matematica tra il valore presente a destra e quello di sinistra. Se ci fosse stato **!=** sarebbe significato diverso, cioè se i due valori fossero stati diversi tra di loro.

Esercizio 10: Massimo di tre numeri

Scrivi un programma Python che letti tre numeri, calcola il numero massimo.

In questo esercizio applichiamo ancora la selezione binaria. Per semplificare la comprensione della soluzione uso una variabile chiamata massimo per memorizzare il valore calcolato dal programma. È facile intuire che all'inizio del programma, il primo numero può essere dichiarato come massimo.

```python
x=eval(input("inserisci il primo numero"))
y=eval(input("inserisci il secondo numero"))
z=eval(input("inserisci il terzo numero"))

massimo = x
if y > massimo:
    massimo = y
if z > massimo:
    massimo = z

print("il massimo numero tra", x, "\t" ,y, "\t" ,"e\t", z, "vale", massimo)
```

Ad **esempio** se inserisco 8, 6 e 15 questo programma dichiarerà 15 come valore massimo.

PARTE 1 - Strutture di sequenza e selezione

Esercizio 11: Confronto tra orari

Scrivere un programma che legga due orari espressi in formato ore, minuti e secondi e restituisca quale dei due orari è il maggiore.
Consiglio: converti entrambe le date in secondi.

Per comprenderlo meglio ad esempio **prendiamo questi due orari di test:**
2 ore , 5 minuti e 30 secondi e 3 ore, 23 minuti, 17 secondi. Questo esercizio deve dichiarare qual è il maggiore dei due convertendo gli orari in secondi.
La prima data corrisponde a 7530 secondi, la seconda a 12197 secondi, pertanto ovviamente la seconda è maggiore.

Nella soluzione, per validare correttamente gli orari inseriti dall'utente dovremo usare una condizione complessa nell'if per verificare gli orari. Ha senso avere un orario con, ad esempio, -5 ore o con 74 secondi? Ovviamente no.

Il programma deve segnalare quando l'ora inserita è un numero negativo, quando i minuti non sono compresi tra 0 e 59 e quando i secondi non sono anch'essi compresi tra 0 e 59.

Per evitare di scrivere tante selezioni una dentro l'altra conviene trovare un modo di poter fare tutti i controlli all'interno di una sola istruzione if.

Per risolvere quindi questo controllo, introduciamo il concetto di **connettivo logico.**
Un connettivo logico è un operatore che unisce più condizioni logiche (quindi più controlli) all'interno di una sola struttura if (o while che vedremo presto).
Esempi:

- Vogliamo verificare se un numero x è sia **contemporaneamente** maggiore di 0 e minore di 100, si scriverà:
  if x>0 and x<100:
  dove il risultato dell'if sarà **Vero** se **entrambe le condizioni sono vere**, Falso altrimenti.
- Vogliamo verificare se un numero x sia **o** minore di 0 **oppure** maggiore di 100, si scriverà:
  if x<0 or x>100:
  dove il risultato dell'if sarà **Vero se almeno una delle condizioni è vere**, Falso altrimenti.
- Vogliamo verificare se un numero x non sia uguale a 10, si scriverà:
  if not x==10:
  Questo ultimo connettivo not **è la negazione del risultato della condizione logica**: quando la condizione è Vera applicare not risulta Falso e quando la condizione è Falsa il not risulta Vero.
  È detto operatore **unario** in quanto ha un solo operando.

Nell'esercizio l'operatore da usare sarà l'or perché è **sufficiente che un solo controllo sia vero affinchè tutta la data non sia corretta.**

```
#hh1 mm1 e ss1 sono per il primo orario
hh1=eval(input("Inserire l'ora per il primo orario "))
mm1=eval(input("Inserire i minuti per il primo orario "))
ss1=eval(input("Inserire i secondi per il primo orario "))
if hh1<0 or mm1>59 or mm1<0 or ss1>59 or ss1<0:
  print("Input non validi")

secondiTotaliPrimoOrario=ss1+(mm1*60)+(hh1*3600)

#hh1 mm1 e ss1 sono per il secondo orario
hh2=eval(input("Inserire l'ora per il secondo orario "))
mm2=eval(input("Inserire i minuti per il secondo orario "))
ss2=eval(input("Inserire i secondi per il secondo orario "))

if hh2<0 or mm2>59 or mm2<0 or ss2>59 or ss2<0:
  print("Input non validi")

secondiTotaliSecondoOrario=ss1+(mm2*60)+(hh2*3600)
if secondiTotaliPrimoOrario>secondiTotaliSecondoOrario:
  print("L'orario maggiore il primo")
else:
  print("L'orario maggiore il secondo")
```

Per scelta in questo esercizio, se gli orari non sono validi il risultato dell'elaborazione non sarà attendibile.

Esercizio 12: La valutazione della verifica di informatica

Letto il risultato numerico di una verifica di informatica, dichiara se il voto è "gravemente insufficiente", "insufficiente" o "sufficiente."

```
voto=eval(input("Inserisci il valore numerico del voto")
if studente voto<6:
        if voto<5
                print("studente gravemente sufficiente")
        else:
                print("studente insufficiente")
else:
        print("studente sufficiente")
```

Uno studente risulta gravemente insufficiente se il suo voto è inferiore a 5.
Per risolvere l'esercizio dobbiamo introdurre al concetto di **se nidificato**, cioè la possibilità che Python offre di **inserire un if, all'interno di un altro if**.

Che cosa significa questo: **che all'interno delle istruzioni dei blocchi** del Vero o del Falso di una struttura di selezione binaria se posso inserire **una ulteriore istruzione se (if).**
Nella soluzione, In tutti i casi dove il voto non è minore di sei, lo studente è sufficiente e **quindi l'if nidificato non viene eseguito.**

Esercizio 13: Minimo tra tre variabili

Scrivi un programma Python che, letti tre numeri x,y,z da input calcola quale tra x, y e z è il numero minore.

Questo esercizio è simile all'esercizio del massimo ma la consegna chiede di dire quale delle tre variabili contiene il valore minore. Non si accontenta semplicemente di dire quanto vale il valore minore inserito.

```python
x = eval(input("inserisci il numero x"))
y = eval(input("inserisci il numero y"))
z = eval(input("inserisci il numero z"))
if x == y and x < z:
        print(x, y, "sono i numeri minori")
elif y == z and y < x:
        print(y, z, "sono i numeri minori")
elif z == x and z < y:
        print(z, x, "sono i numeri minori")
elif x > y and x > z:
        print(x, "e' il numero minore")
elif y > x and y > z:
        print(y, "e' il numero minore")
else :
        print(z, "e' il numero minore")
```

Per rendere la soluzione più facile, è possibile in Python sostituire le parole chiave else if con un'unica parola chiave **elif**.
elif è logicamente la stessa cosa che **definire un blocco del falso e successivamente inserire un ulteriore istruzione if.**
La soluzione proposta è in grado di riconoscere se due numeri sono uguali e se sono entrambi i numeri minori dei tre inseriti.

Esercizio 14: Distanza tra due punti

Scrivi un programma, che lette le coordinate (x,y) di due punti P e Q nel piano cartesiano, calcoli la distanza tra i due punti.
La distanza deve avere massimo una cifra decimale.

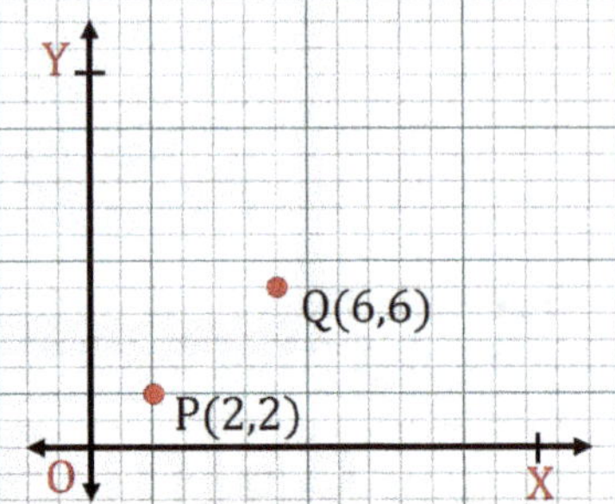


```python
from math import *
x1 = 0
x2 = 0
y1 = 0
y2 = 0

x1=eval(input("Digita il valore della coordinata x1"))
y1=eval(input("Digita il valore della coordinata y1"))
x2=eval(input("Digita il valore della coordinata x2"))
y2=eval(input("Digita il valore della coordinata y2"))

distanza = sqrt((x2 - x1)**2 + (y2 - y1)**2)

print("La distanza tra i due punti vale",round(distanza,1))
```

La formula per calcolare la distanza di due punti P e Q è: $\sqrt{x1 - x0^2 + y1 - y0^2}$
In questo esercizio e più in generale quando dobbiamo fare
dei calcoli matematici più complessi, è necessario utilizzare la **libreria matematica di Python**.
La libreria Matematica sono delle funzioni che il programmatore può usare direttamente nei programmi e che sono state realizzate dagli sviluppatori del linguaggio.
Le più comuni funzioni matematiche sono:
- **sqrt(x)** restituisce la radice quadrata della variabile x,
- **pow(x,y)** calcola x elevato y,
- **fabs(x)** calcola il valore assoluto di x,
- **round(2.5 , 0)** arrotonda per eccesso o per difetto il numero passato come parametro usando in questo caso, zero cifre decimali nel risultato,
- **ceil(2.4)** arrotonda per eccesso il numero,
- **floor(12.6)** arrotonda per difetto il numero,
Nell'esercizio **l'operatore **** effettua l'elevamento a potenza tra il primo numero e il secondo numero.

Esercizio 15: Classificazione di un triangolo

Scrivi un programma che letti tre numeri decimali, dichiara se essi possono essere le lunghezze dei lati di un triangolo. Se lo sono, classifica il triangolo.
Effettua il controllo sull'input.

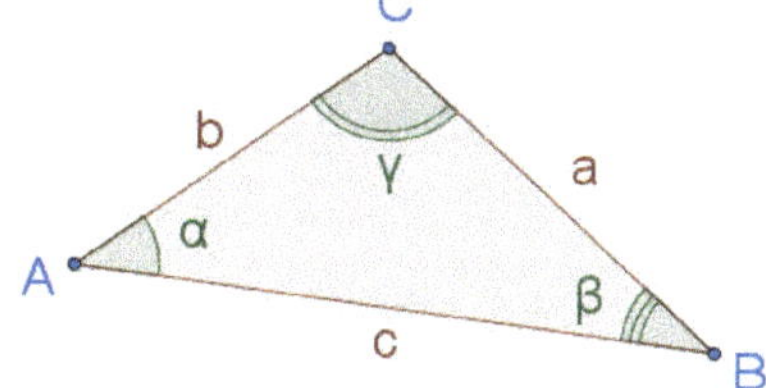

In questo esercizio è giusto ricordare l'importanza del **data entry o controllo sull'input.**

Ogni volta che in un problema si utilizzano delle grandezze fisiche e matematiche oppure vi sono dei vincoli nei valori che l'utente può inserire, **il programma DEVE prevedere un controllo accurato.** Questo controllo deve fermare l'esecuzione o, meglio ancora, chiedere di nuovo i valori da inserire all'utente.

In questo caso, ad esempio, se uno qualunque dei lati è negativo o nullo o se i tre lati non possono essere quelli di un triangolo il programma NON deve mostrare i risultati della classificazione.

```python
a=eval(input("Digita il valore del primo lato "))
b=eval(input("Digita il valore del secondo lato "))
c=eval(input("Digita il valore del terzo lato "))

if a<=0 or b<=0 or c<=0 :
    print("I lati inseriti non possono essere lati geometrici!")
elif a+b<=c or a+c<=b or c+b<=a :
    print("I lati inseriti non possono essere quelli di un triangolo!")
else:
    print("Classifico il triangolo come triangolo:")
    if(a==b and a==c):
        print("Equilatero")
    else:
        if(a==b and a!=c) or (b==c and b!=a) or (a==c and a!=b):
            print("Isoscele")
        else:
            print("Scaleno")
```

Per stabile se le lunghezze di tre lati possono essere quelle di un triangolo si usa la **disuguaglianza triangolare**.

Questo teorema dice, un triangolo è tale se, ogni lato è sempre minore della somma degli altri due.

Ricordiamo che in Python con " != " si intende diverso da.

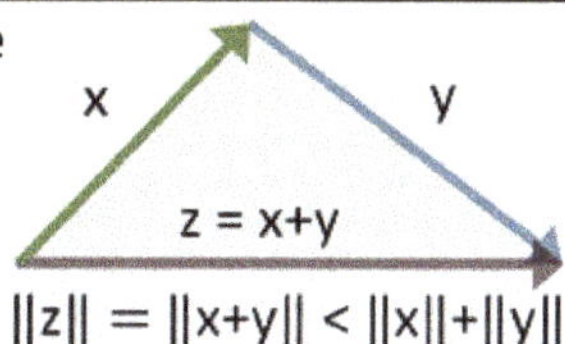

$$\|z\| = \|x+y\| < \|x\|+\|y\|$$

Esercizio 16: La bolletta del telefono

Scrivi un programma Python che calcoli l'ammontare di una bolletta telefonica bimestrale. Vengono inseriti i seguenti dati:
- il numero di scatti presenti nella bolletta precedente,
- il numero di scatti letti nel contatore alla data odierna,
- il costo del singolo scatto.
Per effettuare il calcolo della bolletta si moltiplicano gli scatti del periodo per il costo del singolo scatto.

Leggendo questo esercizio ci si rende conto che, aumentando la complessità delle consegne, esse diventano sempre più lunghe. Per riuscire efficacemente a fare gli esercizi **la prima cosa da fare è capire bene quello che il testo chiede**. Per capire meglio la prima cosa da fare è **leggere bene il testo** e cercare di **scomporlo** in parti più semplici. Questa scomposizione significa dividere mentalmente il problema (difficile) in diversi sottoproblemi più semplici.

In molte consegne (ma non in tutte) di solito è possibile separare il testo in tre parti:
- il **data entry**, cioè l'input dei dati, che nel testo è individuabile nelle parole "inserisci", "letto", "digitato",
- una parte di **calcolo ed elaborazione**,
- una parte di **restituzione del**/i **risultato**/i dell'elaborazione. Nel testo è individuabile nelle parole "stampa", "restituisci", mostra".
Possiamo quindi scomporre il problema nella soluzione nelle tre parti.

```python
costoBolletta = 0
#1^a fase: input
countPrecedente = int(input("il numero di scatti presenti nella bolletta"))
countAttuale = int(input("il numero di scatti presenti nella bolletta"))
costoScatto=eval(input("digita il costo"))
#controllo sull'input
#controllare che il valore della lettura precedente sia più piccola di quello attuale
 #controllare che il costo dello scatto sia maggiore di zero
if countAttuale<countPrecedente or costo<=0:
        print("input non validi")
else:
  #2^a fase: elaborazione dei risultati (calcolo della bolletta)
        costoTot = (countAttuale-countPrecedente) * costoScatto
  #3^a fase: stampa dei risultati (output)
        print("il costo totale vale ",costoBolletta)
```

PARTE 2– Esercizi Strutture di ripetizione indefinita

Esercizio 17: Stampa di tutti i numeri tra 0 e N

Scrivi un programma Python che letto un numero maggiore di zero da tastiera stampi a video tutti i numeri da 0 a quel numero.


```python
numero = int(input("Digita un numero maggiore di zero"))
if numero > 0:
        i = 0       # inizializzazione della variabile che scorre i vari numeri
        while i <= numero:       #condizione di chiusura del ciclo
          print(numero)
          i = i + 1                 #incremento della variabile
```

In questo esercizio introduciamo all'ultima struttura di controllo della programmazione utile per risolvere molte classi di problema: **la ripetizione o ciclo**. Il ciclo, in questo caso, è detto indefinito e permette di <u>ripetere</u> alcune volte una sequenza di istruzioni <u>fintantoché</u> non si scatena un evento che interrompe la ripetizione. Questo evento è rappresentato dal divenire falso il valore logico di una condizione con cui il ciclo viene definito.

Usando il formalismo dei diagrammi di flusso questa è la rappresentazione:

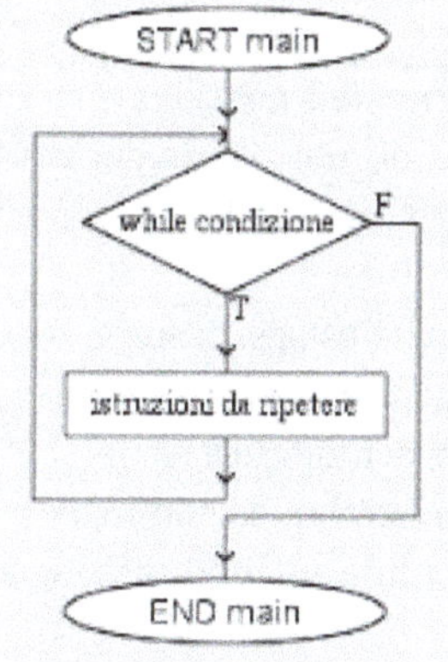

Sintassi:

while condizione:

#istruzioni da ripetere

In sintesi: <u>fintantoché la condizione</u> del while <u>è vera ripeto</u> una sequenza di istruzioni, <u>quando la condizione diventa falsa si interrompe l'esecuzione</u> della ripetizione e proseguo con le successive istruzione del programma.
Le istruzioni da ripetere inoltre nel ciclo while sono separate dalla parola chiave while da alcuni spazi di indentazione.

Nel nostro esercizio la variabile *numero* ha all'interno il valore più grande che deve essere stampato. Mentre la variabile i viene usata per scorrere i vari numeri da stampare da zero a N. Essa fuori dal ciclo è **inizializzata** a zero, cioè al primo numero che deve essere stampato ed all'interno del ciclo i viene **incrementata** di uno per scorrere uno per volta i numeri fintantoché non raggiungo l'ultimo numero da stampare. Quando si supererà il valore di numero **la condizione diventa falsa** e il ciclo sarà terminato.

Esercizio 18: Somma di numeri naturali

Si vuole scrivere un programma dove un utente deve digitare un numero N compreso tra 50 e 100. Il programma deve sommare tutti i numeri compresi tra 1 e il numero N inserito.

Esempio N = 70 ; output la somma dei numeri tra zero e 70 vale 2485

```python
N = int(input("Digita un numero maggiore di 50 e minore di 100"))
if N > 50 and N < 100 :
    i = 1   # inizializzazione della variabile che scorre i vari numeri
    somma =0 # variabile che uso per sommare i vari numeri
    while i <= N:  #condizione di chiusura del ciclo
        somma = somma + i
        i = i + 1                  #incremento della variabile
    print("la somma dei numeri tra zero e" , N , "vale", somma)
else:
    print("numero non valido")
```

Anche in questo esercizio usiamo il ciclo while. Più in generale è possibile usarlo tutte le volte che nella consegna è richiesta la ripetizione di qualcosa. In questo caso è richiesta infatti la ripetizione della somma di un numero con tutti i precedenti fino al raggiungimento del numero inserito dall'utente.

La variabile chiamata somma è detta **accumulatore**, perché essa si assume l'onere di memorizzare i risultati dell'accumulo dei numeri che scorro.

Anche in questo caso individuiamo i tre passaggi comuni di molti cicli while:

1) **inizializzazione**: che assegna ad una variabile il primo numero da sommare (i=1)

2) **condizione del ciclo** (i <= N) che da vera ripeterà la somma, quando sarà falsa farà terminare la ripetizione

3) **una o più istruzioni da ripetere** (somma = somma + i ed i = i +1) che modificano lo stato del ciclo portandolo, prima o poi, a terminare.

Esercizio 19: Indovina il numero

> Si vuole scrivere un programma dove un utente deve indovinare un numero casuale compreso tra uno e dieci. L'utente deve digitare un numero da tastiera fintantoché non indovina. Scrivi inoltre quanti tentativi sono serviti.

```python
import random
x = random.randint(1, 9)
contaTentativi = 1
N=eval(input("indovina un numero compreso tra 1 e 10, digitalo:"))
while N!=x:
        if N <0 or N>10:
                    print ("valore non corretto, riprova")
        N = eval(input("non hai indovinato, digita un nuovo numero:"))
        contaTentativi = contaTentativi + 1

print("hai indovinato in",contaTentativi,"tentativi! Il numero era:",x)
```

In questo esercizio oltre ai cicli è necessario usare un concetto molto usato nella programmazione, cioè la **generazione** pseudo **casuale di numeri**.

Tramite l'importazione di una libreria **random** e chiamando una funzione chiamata randint è possibile calcolare un valore intero pseudo casuale.

Esempio random.randint(3, 9) # calcola un numero casuale compreso tra 3 e 9, estremi inclusi.

Esercizio 20: Maggiorenne o minorenne?

> Scrivi un programma Python che, letto l'anno di nascita di una persona in input, calcoli l'età della persona. Restituisci un opportuno messaggio se la persona è maggiorenne o no. Effettua il controllo sull'input con l'iterazione indefinita.

Uno dei motivi più comuni per cui si può usare l'iterazione indefinita è fare il **controllo dell'input.** Quando chiediamo uno o più valori all'utente del programma è buona cosa fare una **validazione** dei dati in modo tale che il programma possa proseguire solo se i valori inseriti sono accettabili. Validare preventivamente i dati di input riduce di molto i malfunzionamenti dei programmi.

Con un ciclo **while** l'input si fa in questo modo:

- si richiede la prima volta il valore di input all'utente,
- si controlla se esso è corretto tramite la scrittura di un while,
- si ripete l'input nel ciclo, ed esso viene ripetuto solo se effettivamente l'utente digita in modo errato il valore.

PARTE 2 - Strutture di ripetizione indefinita

Per fare il controllo sull'input, quindi, si ripete la lettura quando il valore non è corretto, <u>scrivendo una condizione</u> nel ciclo che sia **vera** quando gli input sono **errati**. In questo esercizio, ad esempio, l'input è da ripetere se l'anno attuale è maggiore della data di nascita (nessuno può avere un'età negativa) o se l'anno di nascita è troppo piccolo. **Non è troppo realistico avere più di 120 anni oggigiorno……**

```python
x=eval(input("Digita il valore della dell'anno di nascita: "))

while x<1900 or x>2023:
    print("Il valore inseriti non è valido")
    x=eval(input("Inserisci un valore che rispetti i criteri di accettabilità: "))

anno=(2023-x)

if anno>=18:
    print("Sei maggiorenne")
else:
    print("Non sei maggiorenne")
```

Esercizio 21: Somma di una sequenza di numeri

Scrivi un programma che, letta una serie indefinita di numeri da tastiera, (-1) per uscire, ne calcoli la somma totale. Il programma deve restituire anche la quantità di numeri letti e il valore medio.
Esempio di input: 5,4,3,2,1, -1 ;
Output: Somma: 15, Media 3 con 5 numeri totali

```python
somma=0
n=0
contaNumeri=0
n=eval(input("inserisci il primo numero, (-1) per uscire"))
while n!=-1:
    somma=somma+n
    contaNumeri=contaNumeri+1
    n=eval(input("inserisci prossimo numero, (-1) per uscire"))

print("i numeri inseriti sono",contaNumeri,", la somma dei numeri è",
somma,"e la media è di", (somma)//(contaNumeri))
```

In questo esercizio si usa un ciclo per inserire una **sequenza indefinita** di numeri. **Indefinita** significa che a priori non posso sapere se chi userà il programma ne inserirà 1 solo, 100 o 1000. Solo quando si inserirà -1 la sequenza sarà terminata e si potranno calcolare gli output previsti (somma e media in questo caso).

Si noti l'operatore / / (doppio slash). Che serve per calcolare una divisione intera senza cifre decimali.

Esercizio 22: Numero primo

Scrivere un programma che, letto un numero maggiore di uno (da controllare), verifichi se esso è primo o no.

```python
numero = int(input("Digita un numero naturale"))
while(numero<1):
    numero = int(input("Digita di nuovo il numero naturale"))
nDivisori = 0
x = 1
while x<=numero:
  if numero%x==0:
    nDivisori+=1
  x=x+1
if nDivisori==2:
    print("Il valore inserito è primo con ",nDivisori ,  " divisori)
else:
    print("Il valore inserito NON è primo con ",nDivisori ,  " divisori)
```

Anche in questo esercizio notiamo soltanto che con il ciclo scorriamo tutti i numeri compresi tra 1 e il numero stesso. Un numero in Matematica è detto primo se solo se è divisibile solo per 1 e per se stesso. Pertanto i divisori interi sono esattamente due se il numero inserito è primo.

Per verificare quali sono i divisori usiamo anche qui l'operatore di modulo.

Un numero esattamente divisibile per un altro avrà zero come resto della divisione.

Esempi

7 è primo perché é divisibile solo per 1 e 7.

10 non è primo perché è divisibile per 1,2,5,10.

Esercizio 23: L'interesse sul conto corrente

Si vuole calcolare l'interesse annuo di un conto corrente. Ogni anno si somma ad una somma di denaro D una percentuale di interesse pari al 2%.

Scrivi un programma Python che, letto un numero D maggiore di 0 (da controllare con un ciclo) corrispondente ad una quantità di denaro e un numero A intero e maggiore di zero (da controllare) corrispondente al numero di anni, calcoli il totale dei soldi sommati gli interessi trascorsi A anni.

```python
D=eval(input("Digita la quantità di denaro"))
while D<0:
  D=eval(input("Numero non corretto\nDigita un numero maggiore zero"))

A=int(input("Digita quanti anni devono trascorrere"))
while A<0:
  A=eval(input("Numero non corretto\nDigita un numero intero."))

contaAnni = 0
while contaAnni < A: #con contaAnni scorro tutti gli anni
    I=(D*2/100)
    print("Al termine del", contaAnni+1,"^anno avrò maturato ", round(I,2), "di
interesse per un totale di", round(D+I,2),"Euro")
    D=round(D+I,2) # calcolo il totale dei soldi sommati gli interessi per l'anno
successivo. Il 2 in round come parametro arrotonda a cifre  2 decimali.
    contaAnni=contaAnni+1
```

In questo esercizio, il denaro D del conto corrente aumenterà del 2% ogni anno, sommandosi al totale calcolato l'anno precedente. Per scelta calcoliamo in due momenti diversi gli interessi e il totale dell'anno per poterli stampare, arrotondando le valute a due decimali. Per fare l'arrotondamento usiamo la funzione **round()**.

Esercizio 24: Input di una Sequenza decrescente

Leggere una serie di numeri interi decrescenti passati dall'utente, fermandosi al primo numero non decrescente letto. Calcola e scrivi quanti numeri sono stati letti nella sequenza e il loro prodotto.

```python
countSequenza = 1 #contatore degli elementi validi della sequenza letti
precedente = eval(input("inserisci il primo numero della sequenza
descrescente: "))
attuale = eval(input("inserisci il prossimo numero della sequenza: "))
prodotto = precedente # il prodotto puo' partire con il primo elemento della
sequenza
while attuale<=precedente:
    countSequenza = countSequenza +1
    precedente = attuale
    prodotto = prodotto * precedente
    attuale = eval(input("inserisci il prossimo numero della sequenza: "))
print("La sequenza di numeri decrescenti è lunga ", countSequenza, "
elementi e il prodotto è",prodotto,end="")
```

Facciamo un **<u>esempio</u>** di sequenza corretto: **10,5,2,6**. Mi aspetto come output **100** e 3 come lunghezza della sequenza. I primi due numeri vengono inseriti prima del ciclo in quanto in questo modo si contempla la possibilità che ci sia una sequenza di un solo elemento.

Esercizio 25: Sequenza di Fibonacci

Scrivi un programma che, letto un numero intero compreso tra 10 e 100, calcoli la sequenza di fibonacci da 1 fino al numero inserito.

```python
num = eval(input("Inserisci un numero compreso tra 10 e 100"))
while( num<10 or num >100):
        print("inserisci di nuovo il numero")
        num = eval(input("Inserisci un numero compreso tra 10 e 100"))
precedente1 = 1 #questi sono i primi valori della sequenza
precedente2 = 0
print(int(0)) #il primo valore della sequenza è sempre zero!
while (precedente1+precedente2)<num :
        fibonacci=(precedente1+precedente2) #sommo i due precedenti
        print(fibonacci,end=" ")
        precedente2=precedente1 #faccio scorrere i due precedenti per
        precedente1=fibonacci      #la prossima esecuzione
```

La <u>sequenza di Fibonacci</u> è quella sequenza dove ogni numero della sequenza stessa è la somma dei due ultimi numeri della sequenza calcolati in precedenza. Per riuscire a calcolare correttamente la sequenza è necessario sapere che: il primo numero della sequenza è zero ed il secondo è sempre uno.

Per fare questo calcolo salviamo in due variabili (precedente1 e precedente2) i valori già calcolati per "farli scorrere" dopo ogni esecuzione del ciclo.

Esempio di data entry: **30** , l'**output** previsto è **0 1 2 3 5 8 13 21**.

Esercizio 26: Sequenza numerica

Data la successione (numerica) il cui termine generale è del tipo:

$A_n = 2 * A_n - 1 + 1$

Scrivi un programma Python che restituisca il k-simo termine sapendo che $A_1 = 0$ (n e k assumono i valori 1, 2, 3, 4, ..)

Questo esercizio va spiegato un attimo di più perché usa dei formalismi **che piacciono molto ai Professori di Matematica**. Quando in Matematica si scrive A_n si vuole intendere un generico elemento di una sequenza di numeri. Una sequenza di numeri è un insieme di numeri che hanno un ordine. Scrivere ad esempio A_3 vuol dire il terzo elemento della sequenza, A_5 il quinto ecc.

Questo esercizio richiede quindi di calcolare, inserito un numero generico k, quanto vale quel valore della sequenza, dove ogni numero è calcolato come il doppio del numero precedente+1.

Esempio di data entry. **k=4**

Il risultato sarà 7 perché A_1 è sempre 0. A_2 vale 1 in quanto il doppio del precedente è sempre zero e vi sommo 1. A_3 vale 3, perchè il doppio del precedente è 2 e vi sommo 1 ed A_4 vale 7 in quanto raddoppio il precedente (3*2=6) e vi sommo 1, quindi 7.

```python
k=eval(input("inserisci un numero k maggiore di zero\n"))
while k<=0:
  k=eval(input("inserisci un numero k maggiore di zero\n"))
n=1          #n la uso per contare i livelli della sequenza
an=0          #an è il valore calcolato della sequenza
while n<k:
  an=(2*(an))+1 #l'elemento successivo è due volte il precedente +1
  n=n+1
print("il kesimo numero è", an)
```

Esercizio 27: Numeri perfetti

Scrivi un programma che generi un numero casuale compreso tra due numeri X e Y inseriti come input (fare i controlli opportuni).

Il programma deve calcolare se il numero casuale generato è perfetto. Un numero è perfetto se è esprimibile come la somma dei suoi divisori interi, escluso il numero stesso.

In realtà i numeri perfetti non sono tantissimi, quindi questo programma probabilmente dirà quasi sempre che il numero non è perfetto. Infatti i primi numeri perfetti sono:

- 6
- 28
- 496
- 8.128

6 è perfetto perchè è la somma dei divisori 1, 2, 3.

Anche in questo esercizio devo calcolare i divisori del numero casuale generato in modo analogo a quanto fatto per verificare se un numero è primo o no. A differenza di quell'esercizio però, i divisori saranno sommati tra di loro per verificare se la somma è uguale al numero casuale.

```python
import random
X=int(input("Inserisci l'estremo X:"))
Y=int(input("Inserisci l'estremo Y:"))
while X>=Y:
        print("Input non validi, X deve essere minore di Y!")
        X=int(input("Inserisci l'estremo X:"))
        Y=int(input("Inserisci l'estremo Y:"))
numeroRandom=random.randint(X,Y)
print("Ho calcolato come numero random",numeroRandom)
#calcolo se il numero random è perfetto
somma = 0
divisore = 1
while divisore<numeroRandom:
        if(numeroRandom%divisore ==0):
                somma = somma + divisore
        divisore = divisore + 1
if(somma == numeroRandom):
        print("il numero è perfetto")
else:
        print("il numero non è perfetto")
```

Esercizio 28: Prodotto di due numeri usando solo la somma.

Scrivi un programma che calcoli, letti due numeri a e b (con a e b maggiori di zero), calcoli il prodotto a*b come insieme di somme successive .
Per farlo NON devi usare l'operatore *

```python
a=eval(input("inserisci un numero maggiore di zero\n"))
while a<=0:
  a=eval(input("inserisci un numero maggiore di zero\n"))

b=eval(input("inserisci un numero maggiore di zero\n"))
while b<=0:
  b=eval(input("inserisci un numero maggiore di zero\n"))

prodotto=0

while b!=0:
  prodotto=prodotto+a
  b=b-1
print("il prodotto dei due numeri è", prodotto)
```

In questo esercizio andiamo a realizzare un prodotto solo come somme.
Ad esempio per moltiplicare **3*4** possiamo fare indistintamente la somma di

3+3+3+3 o di 4+4+4 per ottenere il medesimo risultato che otterremmo con l'operatore di moltiplicazione.

Nel ciclo while quindi uso i due fattori in modo diverso, un fattore viene sommato e l'altro decrementato per "contare" quante volte deve essere fatta l'operazione.

Esercizio 29: Divisione di due numeri usando solo la sottrazione.

Scrivi un programma che calcoli, letti due numeri a e b qualsiasi il rapporto a/b come insieme di differenze successive (con a e b maggiori di zero).
Per farlo NON devi usare l'operatore /

```python
numeratore=int(input("inserisci un numero intero\n"))

denominatore=int(input("inserisci un numero intero diverso di zero\n"))
while denominatore==0:
    denominatore=int(input("Numero errato\nInserisci un numero diverso da zero\n"))
if numeratore<0:
    segno=-1
else:
    segno=+1
if denominatore<0:
    segno=segno*-1
denominatore=abs(denominatore)
x=abs(numeratore)

quoziente=0
while x>=denominatore:
    x=x-denominatore
    quoziente=quoziente+1

if segno==-1:
    quoziente*=-1
resto=x
print("il risultato di ",numeratore," / ",denominatore, " = ", quoziente)
print("resto ", resto)
```

In questo esercizio andiamo a calcolare il quoziente di due numeri togliendo il divisore (o denominatore) al dividendo (o numeratore) tante volte fintantoché il dividendo è maggiore di zero. Il quoziente sarà il conteggio di quante volte sono riuscito a fare questa sottrazione. Per avere un programma che funzioni con qualsiasi numero intero prendo il valore assoluto dei numeri inseriti memorizzando se essi erano positivi e negativi.

Se entrambi i segni di numeratore e denominatore sono uguali (tutti e due positivi o tutti e due negativi) il segno del risultato sarà positivo. Se invece sono discordi (uno positivo e l'altro negativo) il segno è negativo. In questo caso rendo negativo il quoziente.

Esercizio 30: Serie armonica

In Matematica, la serie armonica di un numero N è la somma delle seguenti frazioni. $1 + \frac{1}{2} + \frac{1}{3} + \frac{1}{4} + \ldots + \frac{1}{N}$

Scrivi un programma Python che letto un valore N maggiore di 1 stampi tutti i valori della serie armonica e il risultato totale della somma.

```python
N=int(input("inserisci un numero intero maggiore di uno \n"))
while N<1:
  N=int(input("Numero errato\nInserisci un numero diverso da zero\n"))

i=1
somma=0
while i<=N:
  print ("1 /",i,end=" ")
  if i!=N:
    print(" + ",end="")
  else:
    print(" = ",end="")
  somma=somma+(1/i)
  i=i+1

print(round(somma,2))
```

Esempio data entry: N=5

Output: 1 / 1 + 1 / 2 + 1 / 3 + 1 / 4 + 1 / 5 = 2.28

Questo esercizio riepiloga il classico uso di un ciclo while. All'interno, oltre al calcolo della divisione e alla somma ho inserito una selezione binaria che mi permette, per fare le cose fatte bene, di stampare nel modo giusto i simboli più e uguale della mia espressione.

Ho arrotondato a due cifre decimali per rendere più leggibile il risultato, non era obbligatorio.

36

PARTE 3 - Cicli for e Doppi cicli

Esercizio 31: Stampa di numeri naturali con l'iterazione definita

Scrivi un programma che con un ciclo for stampi i numeri compresi tra 0 e 9.

La seconda tipologia di iterazione propria di Python è l'iterazione **for** o iterazione **definita**.

L'iterazione definita permette di ripetere per un numero determinato di volte le istruzioni da ripetere e si ottiene scorrendo il contenuto di oggetti e insiemi di dati (insiemi di numeri, liste, tuple e stringhe).

La **struttura base** di un ciclo **for** è

```
for x in insieme:
    #istruzioni da ripetere
```

Dove **x** è una variabile che assume ad ogni iterazione, un valore per volta, ogni valore contenuto nell'insieme. **Insieme** invece è una variabile o una funzione che abbia all'interno una sequenza di valori. (ad esempio, un insieme di numeri, una sequenza di lettere, una lista di parole ecc).

Sono molto usati i cicli definiti in tutti gli esercizi dove si manipolano in sequenza un insieme di numeri consecutivi.

Per semplificare la creazione di questi insiemi di valori numerici da scorrere nel for in Python si usa spesso la funzione **range**.

Il prototipo base della funzione è range(numeroMinimo, numeroMassimo, step)

Esempio; range(0,10,1) : genererà in un'unica variabile l'insieme di numeri compresi tra 0 e 9, con 1 come intervallo tra due numeri. Si inserisce 10 perché si ferma al numero precedente.

Capito questo, l'esercizio risolto è questo.

```
for x in range(0,10,1):
    print(x)
```

Per spiegare questo codice cerchiamo di capirlo a pezzi:
- La funzione range genererà la sequenza di numeri 0, 1, 2, 3, 4, 5, 6, 7, 8, 9.
- Ad ogni ciclo un valore di questa sequenza viene assegnato alla variabile x
- Il valore di x viene stampato.

Il risultato quindi di questo programma è la stampa esatta dei 10 numeri.

Esercizio 32: Stampa di numeri pari con for.

Scrivi un programma Python che scorra tutti i numeri compresi tra 50 e 100 e stampi solo i numeri pari.

```python
for x in range(50, 101, 2):
    print(x)
```

Questo esercizio è uguale a prima cambiando gli estremi.

Analizzando un attimo questa applicazione del ciclo for ci accorgiamo che troviamo molte cose simili al ciclo while che abbiamo visto in precedenza in modo compatto. Infatti possiamo vedere tutte insieme le principali istruzioni che si usano di solito nei cicli.

- **L'inizializzazione** che permette di assegnare un valore ad una o più variabili prima dell'inizio di un ciclo, (in questo caso x=50 nell'istruzione range)
- **Una condizione logica o Matematica** (x<101) ,
- **Un incremento** o più semplicemente un'istruzione di modifica della variabile inserita nella condizione (x=x+2),
- **Una o più istruzioni da ripetere** - print (x).

Se avessimo dovuto scrivere lo stesso esercizio con un ciclo **while** sarebbe stato fatto così.

```python
x=50
while x<101:
    print(x)
    x=x+1;
```

D'ora in poi negli esercizi sarà per me totalmente **equivalente**, usare un ciclo **while** rispetto ad un ciclo **for** con la funzione range.

Esercizio 33: Tavola pitagorica di un numero.

Scrivi un programma che letto un numero compreso tra 1 e 10 (estremi inclusi) stampi i primi 10 valori della "tabellina" di quel numero. Effettua il controllo sull'input.

```python
#controllo sull'input
x=eval (input("Digita il valore x"))
while (x<1 or x>10):
    print("Inserire di nuovo il valore di x")
    x=eval(input("Digita il valore x"))
print("la tabellina di",x,"è")
#versione con ciclo for
prodotto=0
for i in range(0,10):
    prodotto = i * x
    print (prodotto)
```

Anche in questo esercizio uso la funzione for per scorrere tutti i valori da 0 a 9 con cui moltiplicherò il valore x che ho digitato da tastiera. **Ho tolto il valore dell'incremento nella funzione range volutamente. Se non si mette è 1 come valore predefinito.**

Se avessi preferito usare un ciclo while, di nuovo, questo era lo stesso esercizio.

```python
#controllo sull'input
x=eval (input("Digita il valore x"))
while (x<1 or x>10):
    print("Inserire di nuovo il valore di x")
    x=eval(input("Digita il valore x"))
print("la tabellina di",x,"è")
#versione con il ciclo while
prodotto=0 #memorizza il totale
v=0 #v è il contatore dell'indice della tabellina calcolato
while (v<10):
    prodotto= v * x
    print (prodotto)
    v= v +1
```

Dovendo scegliere qual è il meglio? il ciclo while o il ciclo for? **Non c'è alcuna differenza** in quanto questi due esercizi sono equivalenti. L'importante è capire che:

- con il **ciclo while** devo definire in modo esplicito la condizione di chiusura del ciclo,
- con il **ciclo for** invece devo crearmi a priori un insieme di oggetti (numeri, lettere ecc.) da scorrere.

Esercizio 34: Somma di numeri compresi tra x e y.

Scrivi un programma Python che sommi tutti i numeri compresi tra X e Y.
X e Y sono inseriti come input (da controllare come positivi), usa il ciclo for.

```python
#data entry per x e y
x = eval(input("Digita x: "))
while x<=0:
  x = eval(input("x deve essere positivo: "))

y = eval(input("Digita y: "))
while y<=0 or y==x or y<x:
  y = eval(input("y deve essere positivo, diverso da x e maggiore di x: "))
#calcolo della somma dei vari numeri
somma = 0
print("La somma di ",end=" ")
for x in range(x, y+1,1):
  somma = somma + x
  print(x,end=" ")
#stampa del risultato
print("vale",end="\t")
print(somma)
```

In questo esercizio, e in tutti i prossimi in generale, è possibile inserire nello stesso programma più tipi di cicli. In questo esercizio si utilizza infatti per due volte un ciclo while per fare il data entry e il controllo sull'input delle variabili x e y, unito ad un ciclo for che va a stampare e calcolare la somma dei numeri previsti.

Digitando 10 come valore di X e 20 come valore di Y, il risultato in output sarà:

La somma di **10 11 12 13 14 15 16 17 18 19 20** vale **165.**

Esercizio 35: Somma di divisori

Scrivi un programma che, letto un numero maggiore di tre, restituisca la somma dei primi 3 divisori interi (se esistono) maggiori di uno escluso il numero stesso.
Esempio se inserisco 10 l'output sarà 2,5 = 7
Esempio se inserisco 15 l'output sarà 3,5 = 8
Esempio se inserisco 20 l'output sarà 2,4,5 = 11

```python
x = 0                       #è il numero da inserire in input
countDivisori = 0           #conta i divisori stampati
sumDivisori = 0             #somma i divisori calcolati


#input del numero
x=eval(input("Digita un numero maggiore di tre"))
while x<3:
  x=eval(input("Numero non corretto\nDigita un numero maggiore di tre"))


for i in range (2,x): # scorro tutti i numeri da 2 a se stesso -1
  if x % i == 0 and countDivisori < 3: #se è un divisore e non ho stampato 3
divisori
    #stampa della virgola
    if countDivisori==1 or countDivisori==2:
      print(",",end=' ')
    #aggiungo il divisore al conteggio e lo sommo
    countDivisori+=1
    print(i,end=' ')
    sumDivisori+=i


#se c'è almeno un divisore stampo la somma,altrimenti dichiaro primo il
numero!
if countDivisori>0:
    print(" = ", sumDivisori)
else:
    print(x,"non ha divisori",end=" ")
```

Questo esercizio, come in altri già visti, va con l'operatore di modulo a cercare i divisori, ma formatta in modo particolare la stampa aggiungendo la virgola e l'uguale solo se effettivamente verranno successivamente stampati altri numeri.

Esercizio 36: Stampa ripetuta di numeri da 1 a 5

Scrivi un programma che stampi tutti i numeri compresi tra 1 e 5 stampando ogni singolo numero cinque volte consecutive.
Output: 1 1 1 1 1 2 2 2 2 2 3 3 3 3 3 4 4 4 4 4 5 5 5 5 5

Questo esercizio introduce un nuovo insieme di esercizi. Quelli che riguardano i
doppi cicli o cicli nidificati.
I doppi cicli o cicli nidificati sono sostanzialmente l'**inserire una iterazione
all'interno di un'altra iterazione**.
E perché farlo? Si fa questo tutte le volte che devo ripetere più volte un insieme di

operazioni già definite a livello di codice da un ciclo (di qualsiasi tipo).
In questo problema infatti devo ripetere 5 volte la stampa di ogni singolo numero.
Volendo usare due cicli for questa è la soluzione.

```python
for i in range (1,5+1):
        for j in range (0,5):
                print(i, end=" ")
```

In ogni iterazione nidificata di solito si trovano una <u>iterazione esterna ed una interna</u>. L'**iterazione esterna è colei che viene per prima e che all'interno avrà un'altra iterazione.** La seconda iterazione pertanto **sarà ripetuta come istruzione della prima iterazione** e viene detta **iterazione interna**.

Nelle iterazioni nidificate è possibile utilizzare qualsiasi tipo di iterazione per creare l'iterazione interna e l'iterazione esterna.

Adesso ti mostro lo stesso esercizio fatto con due iterazioni **while**.

```python
x=1
while x<=5:          #iterazione esterna
  y=0
  while y<5 :
    print(x, end=" ") #iterazione interna
    y=y+1
  x=x+1
```

Con while il ciclo esterno scorro i numeri da 1 a 5 compreso mentre, il while interno, ripete 5 volte la stampa del numero. Sembra più complesso rispetto al precedente con il ciclo for soltanto perché abbiamo dovuto definire in modo esplicito le variabili per fare la stampa dei numeri.

È possibile anche fare un "mix" di tipologie di iterazioni. Questa è la soluzione dello stesso esercizio usando sia un ciclo for che un ciclo while.

```python
for i in range (1,5+1):
  y=0
  while y<5 :
    print(i, end=" ")
    y=y+1
  x=x+1
```

Quindi quale è meglio usare come soluzione? Non esiste una risposta valida per tutti i casi. L'importante è sempre impostare la soluzione con i vari cicli correttamente e non sbagliare il risultato atteso dal tuo programma. Quale via utilizzi non è fondamentale.

Quante volte vengono ripetute le istruzioni in un ciclo nidificato?

Di solito si <u>moltiplica</u> (non si somma) il numero di volte che viene eseguito il ciclo esterno per le volte in cui si esegue il ciclo interno. **In questo caso quindi 5 iterazioni esterne * 5 iterazioni interne = 25 volte iterazioni totali.**

Esercizio 37: Stampa ripetuta di numeri crescenti

Scrivi un programma che letto un numero N compreso tra 2 e 10 (da controllare), stampi tutti i numeri compresi tra 1 e il numero inserito in modo ripetuto come nel seguente esempio.
Esempio N= 6
Output
1 1 1 1 1 1
2 2 2 2 2
3 3 3 3
4 4 4
5 5
6

```python
N=int(input("inserisci un numero intero tra 2 e 10\n"))
while N<2 or N>10:
    N=int(input("Numero errato!\nInserisci un numero intero tra 2 e 10\n"))
#for esterno che conta le righe da stampare
for i in range (N): #for interno che stampa i numeri ripetuti della figura
        for j in range (N-i):
                print(i+1, end=" ")
        print("\n",end="")
print()
```

Questo esercizio è simile al precedente ma applichiamo una logica "al contrario". Nell'iterazione esterna (la prima) con la variabile i contiamo a quale riga siamo nella stampa. Nella seconda iterazione, invece, è imposto il numero di ripetizioni su un numero via via decrescente dato dal numero N inserito dall'utente meno il numero di riga in cui mi trovo.

Quindi per semplificare, nell'esempio, partendo da 6 calcolo quante volte stampare il numero a seconda della posizione in cui mi trovo nella stampa (sei volte nella prima riga, cinque sulla seconda, quattro sulla terza ecc.).

Si noti che dopo ogni riga devo impostare in modo esplicito l'andata a capo con una funzione print presente tra il ciclo interno e quello esterno.

Senza questa riga non verrebbe correttamente la forma "a triangolo".

Esercizio 38: Istogramma Casuale

Scrivi un programma che generi 10 numeri random compresi tra 0 e 21 ed usando i cicli for/range stampi il seguente pattern.

Esempio

```
7  XXXXXXX
5  XXXXX
1  X
10 XXXXXXXXXX
0
3  XXX
20 XXXXXXXXXXXXXXXXXXXX
4  XXXX
2  XX
6  XXXXXX
```

```python
import random
#for che serve per stampare e generare i 10 numeri
for i in range(0,10):
        n = random.randint(0,21+1)
        print(n, end=" ")
#for che stampa le X
        for x in range(n):
                print("X",end="")
        print()
```

Anche in questo caso si usano due cicli for come prima, con la differenza che il ciclo interno ripeterà un numero di volte la stampa dato dal numero casuale calcolato nel ciclo esterno. In questo caso non è possibile predeterminare il risultato finale della stampa.

Esercizio 39 Stampa dei numeri aventi 10 come somme delle cifre.

Scrivi un programma che letti due numeri A e B maggiori di zero, con A minore di B, da controllare, calcola e stampa tutti i numeri che hanno la somma delle loro cifre uguale di 10.

```python
somma = 0
cifra = 0
a = eval(input("digita il primo numero"))
b = eval(input("digita il secondo numero"))

while a>=b or a<=0 or b<=0:
        a = eval(input("digita il primo numero"))
        b = eval(input("digita il secondo numero"))

for x in range(a,b+1):
   #vado a creare le varie cifre per fare il controllo e la stampa
   somma = 0
   i = x
   while x>0:
     cifra = x % 10
     somma = somma + cifra
     x = x // 10
   if somma==10:
        #print("il valore vale", somma, " per il numero" , i)
     print(i,end=" ")
```

Questo esercizio prevede la comprensione dell'algoritmo di estrazione delle cifre da un numero intero.

Dato un qualsiasi numero è possibile estrarre una cifra per volta applicando il modulo, cioè l'operatore di resto della divisione intera con 10 e poi dividendo il numero stesso per 10.

Esempio: Vogliamo estrarre le cifre dal numero 123, applichiamo l'algoritmo.

Applichiamo l'operatore di modulo con 10 : 123 % 10 = **3** . In quanto 3 è il resto della divisione del numero per 10. 3 è la prima cifra.

Adesso dividiamo per 10 il numero di partenza: 123 / / 10 = 12 .

Applichiamo di nuovo l'algoritmo.12 %10 = **2** . Dividiamo 12 per 10 : 12 / / 10 = 1.

Applichiamo infine l'operatore di modulo e troviamo facilmente 1. Infatti 1 % 10 = **1**

<u>Questo algoritmo funziona per tutti i numeri positivi e negativi e con le singole</u>

<u>cifre estratte è possibile farci qualsiasi operazione.</u>

In questo esercizio ho sommato le cifre ma posso farci molte altre operazioni...

Esercizio 40 Stampa dei numeri aventi solo cifre dispari.

> Scrivi un programma che letti due numeri A e B maggiori di zero , con A minore di B, da controllare, calcola e stampa tutti i numeri che hanno solo cifre dispari all'interno.

```python
somma = 0
cifra = 0
a = eval(input("digita il primo numero"))
b = eval(input("digita il secondo numero"))

while a>=b or a<=0 or b<=0:
        a = eval(input("digita il primo numero"))
        b = eval(input("digita il secondo numero"))

for x in range(a,b+1):
    #vado a creare le varie cifre per fare il controllo e la stampa
    flag = True
    i = x
    while x>0:
      cifra = x % 10
      if cifra %2 == 0:
          flag = False
      x = x // 10
    if flag==True:
      #print("il valore vale", somma, " per il numero" , i)
      print(i,end=" ")
```

Questo esercizio ci è utile per ricordare che cos'è in programmazione una variabile **<u>flag</u>**.

Una variabile flag è una variabile che di solito può assumere due valori: True (vero) o False (falso). Si assegna ad una variabile flag il valore Vero o Falso all'interno del programma per memorizzare un'informazione che vogliamo utilizzare successivamente nel codice. Si definisce infatti flag nel senso di tenere traccia del verificarsi o meno di un determinato evento.

In questo caso l'evento da tenere traccia è: "Sono tutte dispari le cifre presenti nel numero?" Se la risposta è si la variabile manterrà il valore True, se sarà presente almeno una cifra pari allora diverrà False.

Esercizio 41 Stampa figura: bordo.

Scrivi un programma, che letto un numero N maggiore di tre, disegni la seguente figura.

Es. N=6

```
+ + + + + +
+ 0 0 0 0 +
+ 0 0 0 0 +
+ 0 0 0 0 +
+ 0 0 0 0 +
+ + + + + +
```

Questi esercizi di stampa delle figure sono i classici esercizi che spesso si propongono per cercare di far capire meglio il concetto del doppio ciclo. Sfortunatamente spesso vengono fatti fare senza spiegare in modo adeguato com'è la logica per risolverli.

Proviamo a vedere la figura (in questo caso un quadrato con un bordo) come se fosse una tabella di battaglia navale. Che cosa c'entra il gioco "battaglia navale" con un esercizio di Python? Ottima domanda! Mi interessa semplicemente che immaginate ogni simbolo della figura disposto in una tabella dove ogni posizione ha una coordinata per la posizione delle righe e una coordinata per la posizione delle colonne.

Proviamo a disegnarla. Possiamo associare come coordinata i valori di due variabili: nRighe per le righe e nColonne per le colonne.

+	+	+	+	+	+
+	0	0	0	0	+
+	0	0	0	0	+
+	0	0	0	0	+
+	0	0	0	0	+
+	+	+	+	+	+

Se proviamo a numerare quindi ogni casella con due coordinate, una per le righe e una per le colonne, partendo da zero, avremo una numerazione fatta così:

0,0	0,1	0,2	0,3	0,4	0,5
1,0	1,1	1,2	1,3	1,4	1,5
2,0	2,1	2,2	2,3	2,4	2,5
3,0	3,1	3,2	3,3	3,4	3,5
4,0	4,1	4,2	4,3	4,4	4,5
5,0	5,1	5,2	5,3	5,4	5,5

Ad **esempio**, l'elemento **(1,2)** è posto sulla **seconda riga, terza colonna**.

Capito questo, per disegnare la figura dobbiamo:

- impostare i cicli per disegnare il quadrato,
- individuare quali sono gli indici che hanno il simbolo **+** rispetto a quelli che hanno il simbolo **O** per differenziare la stampa.

Per fare la prima cosa, cioè il quadrato ci basta impostare un doppio ciclo for: in questo caso per stampare una figura larga sei e alta sei.

```python
for nRighe in range(0,6):
    for nColonne in range(0,6):
        print(" 0 ",end="")
    print("")
```

Questo ciclo stampa una sequenza di zeri a forma di quadrato. Per fare la forma dell'esercizio dobbiamo aggiungere a questo punto un if filtri il bordo. Guardando la tabella degli indici notiamo che il bordo ha almeno uno dei due indici (di riga o di colonna) uguali a zero, oppure uguale a 5. Mettendo insieme le cose questa è la soluzione.

```python
for nRighe in range(0,6):
    for nColonne in range(0,6):
        if nRighe==0 or nColonne==0 or nRighe == 5 or nColonne == 5:
            print(" + ",end="")
        else:
            print(" 0 ",end="")
    print("")
```

È possibile renderlo generico sostituendo alle funzioni e alle condizioni il valore di un numero intero inserito da input. Questa è la soluzione definitiva dell'esercizio.

```python
N=int(input("inserisci la dimensione della figura\n"))
while N<2:
    N=int(input("Numero errato\nInserisci un numero maggiore di due\n"))
for nRighe in range(0,N):
    for nColonne in range(0,N):
        if nRighe==0 or nColonne==0 or nRighe == N-1 or nColonne == N-1:
            print(" + ",end="")
        else:
            print(" 0 ",end="")
    print("")
```

Esercizio 42 Stampa figura: diagonali.

Scrivi un programma che, letto un numero N maggiore di tre, dispari disegni la seguente figura.

Esempio. N=5

```
X O O O X
O X O X O
O O X O O
O X O X O
X O O O X
```

Anche in questo esercizio aiutarsi con le coordinate rende più facile lo svolgimento.

0,0	0,1	0,2	0,3	0,4
1,0	1,1	1,2	1,3	1,4
2,0	2,1	2,2	2,3	2,4
3,0	3,1	3,2	3,3	3,4
4,0	4,1	4,2	4,3	4,4

In questo caso notiamo che, le due diagonali da stampare potrebbero avere:
-   il numero di riga e di colonna uguali, oppure,
-   la somma del numero di riga e del numero di colonna uguale alla dimensione -1 della figura (in questo caso 4).

Applicando questa condizione l'esercizio risolto è questo.

```python
N=int(input("inserisci la dimensione della figura\n"))
while N<2 or N % 2==0:
  N=int(input("Numero errato\nInserisci un numero maggiore di due e
dispari\n"))
for nRighe in range(0,N):
  for nColonne in range(0,N):
    if nRighe==nColonne or nRighe+nColonne==N-1:
      print(" X ",end="")
    else:
      print(" 0 ",end="")
  print("")
```

Esercizio 43 Stampa figura: Triangolo superiore, inferiore , diagonale.

Scrivi un programma che letto un numero N maggiore di tre e dispari, disegni la seguente figura.

Esempio. N=5

```
X 0 0 0 0
+ X 0 0 0
+ + X 0 0
+ + + X 0
+ + + + X
```

```python
N=int(input("inserisci la dimensione della figura\n"))
while N<2 ==0:
  N=int(input("Numero errato\nInserisci un numero maggiore di due e
dispari\n"))
for nRighe in range(0,N):
  for nColonne in range(0,N):
    if nRighe==nColonne:
      print(" X ",end="")
    elif  nRighe<nColonne:
      print(" 0 ",end="")
    else:
      print(" + ",end="")
  print("")
```

In questo esercizio si fanno due if per distinguere i tre casi:

-   quando il numero di righe è uguale al numero di colonne stiamo
    stampando la diagonale principale (**X**),

- quando il numero di riga è minore del numero di colonna sto stampando la parte alta della figura fatta con gli zeri (**0**).
- In tutti gli altri casi sto stampando la parte bassa della figura con i simboli più (**+**).

Esercizio 44 Stampa figura: Riga di dimensione variabile

Scrivi un programma che letto un numero N maggiore di 3 (da controllare), stampi la seguente figura.

Esempio N=5

```
X _ _ _ _
_ X X _ _
_ _ X X X
_ _ _ X X
_ _ _ _ X
```

```python
N=int(input("inserisci la dimensione della figura\n"))
while N<2 ==0:
    N=int(input("Numero errato\nInserisci un numero maggiore di due e dispari\n"))
count=0
for nRighe in range(0,N): #scrivo le righe
    count=0 #conto quanti valori ho stampato
    for nColonne in range(0,N): #scorro le colonne
        if nRighe==nColonne:#individuo la diagonale
            print(" X ",end="")
            count+=1    #conto quanti valori ho stampato nella riga
            for i in range(nRighe): #dopo la diagonale diagonale stampo le X successive
                if count < N:  # se non ho terminato gli N valori da stampare, stampo X
                    print(" X ",end="")
                    count=count+1
                elif count < N:  # se non ho terminato gli N valori da stampare, stampo _
                    count+=1
                    print(" _ ",end="")
    print("")
```

Questo è un po' più complesso degli altri perché, dobbiamo contare quanti sono gli elementi stampati, in quanto, dopo aver raggiunto la diagonale dobbiamo stampare un numero variabile di X. **Questa soluzione usa un triplo ciclo**, dove dopo aver raggiunto la diagonale con un for stampiamo delle X aggiuntive per completare la figura. Non in tutte le righe però le X da stampare sono in numero crescente! Si noti infatti che da metà figura in poi è sufficiente terminare correttamente il quadrato.

Esercizio 45 Triplette di numeri

Scrivi un programma che generi 10 triplette di numeri casuali compresi tra 1 e 25.

Stampa soltanto le triplette che hanno come somma un numero primo.

Esempio:

Genero come tripletta 1 ,1, 5. Questa coppia viene stampata perché 7 è primo .

Genero come tripletta 7, 4, 3. Questa coppia non viene stampata perché 14 non è primo.

Stampare infine quante sono le triplette correttamente generate.

```python
import random
nTriplette=10
nMin=1
nMax=25
countTriplette=0

for i in range(nTriplette):
    primoNumero=random.randint(nMin,nMax)
    secondoNumero=random.randint(nMin,nMax)
    terzoNumero=random.randint(nMin,nMax)
    #print(primoNumero,",",secondoNumero,",",terzoNumero,end="\n")
    somma=primoNumero+secondoNumero+terzoNumero
    #print (somma)
    nDivisori=0
    x=1
    while somma>=x:
        if somma%x==0:
            nDivisori+=1
        x=x+1
    if nDivisori==2: # la somma è prima
        countTriplette+=1
        print(primoNumero,",",secondoNumero,",",terzoNumero,end="\n")
print("Ho generato ", countTriplette, " triplette di numeri")
```

Questo esercizio riassume un po' le capacità richieste dal capitolo. Infatti include nella soluzione, sia la generazione casuale di numeri che il calcolo se un numero è primo. L'unica difficoltà vera è filtrare le triplette non corrette e contarle.

Si applica la verifica di un numero primo sulla somma dei numeri della tripletta.

PARTE 4 - Array e liste di numeri

In questa parte affrontiamo la trattazione di esercizi che utilizzano insiemi di valori tramite le strutture dati delle Liste nel linguaggio Python.

Esercizio 46 Creazione di una lista

> Scrivi un programma Python che crei staticamente una lista di 10 elementi a tua scelta.

```python
lista = [1,"2","ciao",True,3.5,'c',-4,abs(-10),round(3.1415,2)]
#1 2 ciao True 3.5 c -4 10 3.14
numeri = [ 0, 1, 2, 3, 4, 5, 6, 7, 8, 9]
# 0 1 2 3 4 5 6 7 8 9
```

<u>Intuitivamente il problema che pone questo esercizio è:</u>

Come faccio ad avere in un programma,10 variabili contenenti 10 valori diversi. Definisco 10 variabili con 10 nomi diversi?

<u>La risposta è sempre no.</u>

Per superare questo problema Python offre la possibilità di memorizzare più variabili (di uguale o diverso valore) usando un unico nome. <u>Questa variabile multivalore, che può essere modificata nel programma in Python è detta **lista**.</u>

Una lista è: **<u>dinamica</u>**, cioè può ospitare un numero mutabile di valori all'interno, è **<u>multi tipo</u>**, perché permette di memorizzare dati non omogenei (diversi) tra di loro, è **<u>indicizzata</u>**, perché ogni elemento è accessibile singolarmente attraverso un indirizzo univoco.

A questo proposito <u>per accedere</u> (in lettura o scrittura) agli elementi di una lista si usano dei numeri, detti <u>indici</u>.

<u>Gli indici (per lo scorrimento non inverso) sono numeri</u>:

- interi,

- senza segno,

- che vanno da 0 (che rappresenta il primo elemento) a N-1 dove N è la numero degli elementi elementari presenti (10 numeri interi nell'esempio precedente)

Graficamente una lista chiamata *numeri* dell'esercizio potrebbe essere vista così:

Ogni box del disegno è un valore (diverso) che può avere la lista, in questo caso l'indice arriva a 9 in quanto la dimensione è 10.

Per accedere ad un solo elemento si usa questa sintassi **lista[indice]**.

Esercizio 47 Stampa di una lista

Scrivi un programma Python che data una lista di 10 elementi li stampi su output. Prova con numeri interi, con stringhe, con lettere e numeri decimali .

```python
#genero la lista
lista = [1,3,5,7,9,11,13,15,17,19]
#stampa di tutti gli elementi
print(lista)
#scorrimento di tutti gli elementi con for
for i in lista:
   print(i,end=" ")
#stampa scorrendo con while
i=0
while i<(len(lista)):
  print(lista[i],end=" ")
   i+=1
```

In questa correzione ti faccio vedere esclusivamente il caso con i numeri interi dell'esempio, e ripeto per tre volte la stampa:

- **Tramite la funzione print**, inserendo come parametro la lista avrò in automatico la stampa di tutti gli elementi presenti,
- **Tramite un ciclo for** è possibile assegnare ad una variabile temporanea uno per volta i singoli valori, effettuare le elaborazioni previste dagli esercizi e fare la stampa.
- **Tramite un ciclo while** infine scorrerò tutti gli elementi uno alla volta.
  Si usa la funzione **len(lista)** per sapere quanti sono gli elementi presenti nella lista e l'operatore [] che permette, inserendo un valore di indice, di accedere ad un singolo valore della lista.
  Esempio print(lista[3]) stamperà il quarto valore della lista.

Esercizio 48 Somma i valori di indice pari

Scrivi un programma Python che data una lista di 10 elementi numerici, stampi come output solo gli elementi di indice pari. Calcola inoltre la somma.

```python
lista =[2,4,6,8,10,20,24,26,30,32]
somma = 0
print("I valori di indice pari sono: ",end=" ")
for i in range(0, len(lista), 2):
    print(lista[i],end=" ")
    somma+=lista[i]
print("La somma degli elementi di indice pari vale: ",somma)
```

Si noti che per scorrere a "due per due" gli elementi si può creare un insieme di numeri pari compresi tra 0 e la dimensione della lista con range. In questo modo posso fare l'accesso diretto con l'operatore [] spiegato nell'esercizio precedente.

Esercizio 49 Massimo di una lista

Scrivi un programma Python che, generata casualmente una lista una lista di 10 elementi numerici, calcola il valore massimo.

```python
import random
# Genera casualmente una lista di 10 elementi numerici
lista_numeri = []
for i in range(10):
    lista_numeri.append(random.randint(0,100))
# Stampa la lista generata casualmente
print("Lista generata casualmente:", lista_numeri)
# Trova il valore massimo nella lista
valore_massimo = lista_numeri[0]
for numero in lista_numeri:
    if numero > valore_massimo:
        valore_massimo = numero
# Stampa il valore massimo
print("Valore massimo nella lista:", valore_massimo)
```

Nel caso in cui volessi creare una lista ma ancora non so quanti elementi deve avere, oppure semplicemente voglio aggiungere un elemento volta per volta, posso creare variabile con all'interno una lista vuota assegnando ad una variabile l'operatore [] senza alcun parametro. La funzione **append** applicata sulla lista così creata **inserisce in coda** (alla fine) un nuovo elemento alla lista.

Esercizio 50 Divisione (split) di una lista in due

Scrivi un programma Python che, letto un numero N maggiore di 0 (da controllare), riempia una lista chiamata listanumeri di N valori richiesti da input.

Dividere la lista in due liste: listapositivi e listanegativi con all'interno in una i numeri positivi e nell'altra i numeri negativi della prima listanumeri.

Stampa le tre liste, infine calcola e stampa la media singola di ciascuna lista.

```python
N=int(input("inserisci un numero intero maggiore di uno \n"))
while N<1:
  N=int(input("Numero errato\nInserisci un numero diverso da zero\n"))

# Leggo da input la lista di N elementi numerici
lista_numeri = []
for i in range(N):
  print("digita il valore", i+1, "della lista: ", end="")
  lista_numeri.append(int(input()))
lista_positivi=[]
lista_negativi=[]
#divido le liste
for i in lista_numeri:
  if(i<0):
    lista_negativi.append(i)
  else:
    lista_positivi.append(i)

print("La lista dei numeri positivi vale ",lista_positivi)
#calcolo la media
somma_positivi=0
for j in lista_positivi:
  somma_positivi=somma_positivi+j
if(len(lista_positivi)):
  media_positivi=somma_positivi/len(lista_positivi)
  print("La media dei positivi vale ",media_positivi)
print("La lista dei numeri negativi vale ",lista_negativi)
somma_negativi=0
for j in lista_positivi:
  somma_negativi=somma_negativi+j
if(len(lista_negativi)):
  media_positivi=somma_negativi/len(lista_negativi)
  print("La media dei positivi vale ",media_positivi)
```

In questo esercizio la generazione della lista è fatta come negli esercizi precedenti. La divisione della lista in due (lista_positivi e lista_negativi) e la media delle liste potrebbero essere inserite tutte in un unico for. Si è fatto separatamente per leggibilità.

Sottolineo infine che **è obbligatorio**, pena avere un grave malfunzionamento, controllare **che nel calcolo della media non si divida mai per zero nessun numero**. In questo caso infatti il programma deve saltare il calcolo della media.

Esercizio 51 Rimozione di un elemento

Scrivi un programma Python che generi che, letto un numero N maggiore di 0 (da controllare), riempia una lista chiamata listanumeri di N casuali.

Rimuovi dalla lista tutti gli elementi che non sono maggiori del numero precedente.

Calcola la percentuale di valori rimossi.

```python
import random
N=int(input("inserisci La dimensione della lista \n"))
while N<2:
   N=int(input("Numero errato\nInserisci un numero diverso da zero\n"))

#genero casualmente la lista
lista_numeri = []
for i in range(N):
   lista_numeri.append(random.randint(0,100))

#copio la lista sorgente nella lista modificata
lista_non_rimossi=lista_numeri.copy()
#rimuovo gli elementi
i=1
while i<len(lista_non_rimossi):
  if lista_non_rimossi[i] <= lista_non_rimossi[i - 1]:
    lista_non_rimossi.pop(i)
  else:
    i += 1
#calcolo la percentuale dei rimossi
numero_elementi_rimossi=N-len(lista_non_rimossi)
print("La percentuale di  rimossi è:",round(numero_elementi_rimossi*100/N))
print("La lista iniziale:",lista_numeri)
print("La lista modificata:",lista_non_rimossi)
#print(len(lista_numeri))
```

Di questo esercizio dobbiamo dire due cose:

- Per rimuovere un elemento da una lista usiamo la funzione **pop(indice)**.

La funzione **pop rimuove l'elemento avente come posizione il numero "indice"** passato come parametro. Al termine della chiamata (ovviamente) la dimensione della lista decrementa di uno.

- Per fare la copia di una lista non è possibile farla facendo soltanto un assegnamento con l'operatore uguale ma dobbiamo richiamare la funzione **.copy()**. Questa funzione **copia in memoria uno per uno gli elementi della lista originaria dei dati**. Diversamente avremo solo due riferimenti (variabili) con nomi diversi che puntano alla stessa lista (cioè alla stessa posizione di memoria).

<u>Esempio di esecuzione:</u>

Inserisci la dimensione della lista: 10

La percentuali di elementi rimossi è del 60

La lista iniziale: [8, 87, 67, 68, 8, 55, 96, 89, 100, 34]

La lista modificata: [8, 87, 96, 100]

Esercizio 52 Inserimento tra due elementi di una lista

Scrivi un programma Python che generi un insieme di 5 elementi generati casualmente tra 0 e 150. Ordina questi elementi in ordine crescente. Fatto questo inserisci in mezzo ad ogni coppia di numeri un numero primo (se esiste) maggiore del primo elemento della coppia e minore del secondo elemento della coppia.

Esempio

La lista è creata come : 1 10 20 50 60

La lista risultato sarà 1 2 10 11 20 23 50 53 60 61

Questo esercizio riassume molte conoscenze riguardo la manipolazione di numeri, la loro generazione e le iterazioni.

<u>Per ordinare la lista Python ci viene in aiuto con la funzione .sort()</u>.

Con questa funzione ogni lista numerica o di stringhe viene ordinata **in ordine crescente**.

<u>Qualora mi servisse una lista ordinata in ordine decrescente la sintassi sarebbe list.sort(reverse=True)</u> .

La variabile flag che si usa nel codice serve per generare al più un numero primo. Diversamente questo programma potrebbe aggiungere più di un numero primo tra due numeri della lista originaria.

Questa lista risultato sicuramente non ha un numero certo di elementi, in quanto, potrebbe non esistere un numero primo tra due presenti nella lista ordinata.

```python
import random
#genero casualmente la lista
lista_numeri = []
for i in range(5):
    lista_numeri.append(random.randint(0,100))
#ordino la lista
lista_numeri.sort()
lista_modificata=lista_numeri.copy()
i=1
while i<len(lista_modificata)-1:
  flag=1   #flag diventa zero se ho aggiunto il numero primo alla lista_numeri
  #scorro tutti i numeri tra due della lista
  for numero in range(lista_modificata[i-1]+1,lista_modificata[i]):
    print(numero)
    #guardo se il numero è primo
    nDivisori = 0
    x = 1
    while x<=numero:
      if numero%x==0:
        nDivisori+=1
      x=x+1
    if nDivisori==2 and flag==1:
      #se ho trovato un numero primo lo aggiungo alla lista
      lista_modificata.insert(i,numero)
      i=1+i #vado avanti nell'indice per saltare il numero appena inserito
      flag=0
  i=i+1
print("La lista iniziale:",lista_numeri)
print("La lista modificata:",lista_modificata)
```

Esercizio 53 Intersezione tra liste

Scrivi un programma Python che generi casualmente due liste di 10 elementi compresi tra 0 e 20. Il programma deve generare una terza lista di numeri aventi all'interno solo i numeri comuni ad entrambe le liste (quindi l'intersezione).

```python
import random
N=10
#genero casualmente la liste
prima_lista = []
seconda_lista = []
for i in range(N):
    prima_lista.append(random.randint(0,20+1))
    seconda_lista.append(random.randint(0,20+1))

intersezione=[]
for elem in prima_lista:
    if elem in seconda_lista:
        intersezione.append(primo_elem)

print("prima lista",prima_lista)
print("seconda lista",seconda_lista)
print("intersezione",intersezione)
```

In ogni problema con le liste è possibile verificare se un elemento (o una variabile) di una lista è presente in un altra senza usare i cicli ma utilizzando l'if.

La riga "**if elem in seconda_lista:**" scorrerà tutti gli elementi della seconda lista fintantoché non troverà almeno un'occorrenza di "elem" nella lista. In questo caso l'if sarà vero ed *elem* sarà aggiunto alla lista di intersezione.

Esercizio 54 Generazione alternativa di liste

Scrivi un programma Python che generi due liste:

- Una lista contenente il quadrato dei numeri da 1 a 10

- Una lista di numeri pari da 1 a 10

```python
quadrati = [x**2 for x in range(1, 10+1)]
# Output: [1, 4, 9, 16, 25]
numeri_pari = [x for x in range(1, 10+1) if x % 2 == 0]
# Output: [2, 4, 6, 8, 10]
```

In questi esercizi si fa uso di una struttura sintattica compatta di Python detta **"List Comprehension"**. Questa struttura permette di sintetizzare alcune operazioni di generazione degli elementi di una lista in una sola riga di codice.

Il formato generale è questo:

lista = [espressione for elemento in sequenza if condizione]

Partendo dal primo esempio dell'esercizio [x**2 for x in range(1, 10)] cerchiamo di capire cosa significa questa sintassi:

- **x** : è la variabile temporanea a cui sono associati singolarmente i valori della lista che stiamo creando.
- **sequenza**: è una lista o una funzione che genera una lista, su cui verranno effettuate le operazioni di manipolazione. Nel nostro esempio con la funzione **range(1,10+1)**, creo una lista iniziale di numeri da 1 a 10.
- **if [opzionale]:** fa una restrizione degli elementi presi della sequenza originale.
- **espressione: (x**2** ad esempio) definisce come trasformare ogni elemento della sequenza creata nell'istruzione in un elemento della nuova lista.
Nel secondo esempio (numeri_pari = [x **for** x **in** range(**1**, **10+1**) **if** x % **2** == **0**] creo una lista di elementi tra 1 e 11 ed elimino tutti gli elementi dispari con l'if presente che utilizza il solito operatore di modulo.

Esercizio 55 Prodotto Scalare di Liste

Scrivi un programma che generi casualmente due liste con 5 numeri da 1 a 10 all'interno e calcoli il prodotto scalare della lista.
Il prodotto scalare è definito come prodotto di due elementi aventi il medesimo indice.

```python
import random
lista1 = [ random.randint(1, 10+1) for x in range(10)]
lista2 = [ random.randint(1, 10+1) for y in range(10)]
prodotto = [x * y for x, y in zip(lista1, lista2)]
print(lista1)
print(lista2)
print(prodotto)
```

Questo esempio dimostra la potenza di questa forma compatta che di fatto semplifica molto l'esercizio.
Per unire nel calcolo del prodotto le due liste elemento per elemento uso la funzione zip. Questa funzione fa un'interazione sulle variabili passate come parametro (liste, strighe, tuple ecc) restituendo un oggetto iterabile. Un oggetto iterabile è un oggetto convertibile in un altro tipo di dato composto (come le liste) o usabile nel ciclo for.
In questo modo, dopo aver unito uno per volta gli elementi dei due numeri casuali calcolati, questi possono essere moltiplicati in un "simil ciclo" con l'operatore **in** salvando ogni valore preso dalle singole liste in due variabili temporanee x e y.
Esempi di liste, dove la lista prodotto moltiplica un elemento di lista1 con un elemento di lista2.
lista1:   [1, 3, 2, 11, 10, 9]
lista2:   [7, 6, 5, 4, 11, 3]
prodotto: [7, 18, 10, 44, 110, 27]

Esercizio 56 Rimozione di elementi duplicati da una lista

> Scrivi un programma che data una lista di interi (10 elementi), rimuova tutti gli elementi duplicati.

```python
lista_numeri = [1, 2, 3, 2, 4, 5, 3, 6, 7]
lista_senza_duplicati=lista_numeri
print(lista_numeri)
for x in lista_senza_duplicati:
    indice=lista_senza_duplicati.index(x)+1
    while indice<len(lista_senza_duplicati):
        if x == lista_senza_duplicati[indice]:
            lista_senza_duplicati.pop(indice)
        indice+=1
print(lista_senza_duplicati)
```

Questo esercizio si può fare con la programmazione strutturata andando a cercare, per ogni elemento della lista, se è presente un elemento uguale successivamente. Se è presente si estrae (con la funzione pop) quell'elemento riducendo la dimensione della lista.

In questo caso la lista risultato è

[1, 2, 3, 4, 5, 6, 7]

Si sarebbe potuto fare in modo molto più facile usando la funzione **set** di Python:

```python
#versione con set
lista_numeri = [1, 2, 3, 2, 4, 5, 3, 6, 7]
print("Lista iniziale", lista_numeri)
lista_senza_duplicati = list(set(lista_numeri))
print("Lista senza duplicati:", lista_senza_duplicati)
```

<u>Il set in Python è una collezione di dati composti da elementi unici e non ordinati</u>. Essenzialmente, è simile a una lista, ma non può contenere duplicati e non ha un ordine definito. **<u>Sfruttando questa funzione</u>**, per definizione della struttura essa **<u>non può avere duplicati all'interno</u>** pertanto gli elementi aggiuntivi vengono rimossi in automatico.

PARTE 4 - Array e liste di numeri

Esercizio 57 Rimozione da una lista degli elementi di un'altra

Scrivi un programma che, data una lista di elementi interi lunga N e una seconda lista di elementi lunga K (con K minore di N), elimina dalla prima lista tutti gli elementi presenti nella seconda.

Esempio

lista1 = [1,2,3,4,5,6,7,8,9]

lista2 = [2,5,7,8]

La lista risultato sarà [1 ,3 , 4 , 6 , 9]

```python
N = 10 #prendo N e K statici
K = 5
lista1= []
lista2= []
print( "digita i valori della prima lista")
for x in range(N):
  lista1.append(eval(input()))

print( "digita i valori della seconda lista")
for x in range(K):
  lista2.append(eval(input()))
#prima soluzione "programmazione strutturata"
lista_risultato=lista1.copy()
for x in lista_risultato:
    if x in lista2:
        lista_risultato.remove(x)
print("Prima lista", lista1)
print("Seconda lista", lista2)
print("Lista risultato", lista_risultato)
```

Questa soluzione, una volta letta da input la lista, va a cercare partendo dagli elementi della prima lista la presenza di un elemento uguale nella seconda. Si può evitare di scorrere elemento per elemento usando l'operatore **in**.

Per creare la lista risultato duplico la lista di partenza (lista1) e rimuovo uno per uno tutti quelli presenti in lista2 tramite la funzione <u>remove</u>.

La funzione **<u>remove(x)</u>, <u>applicata ad una lista,</u>** cerca il primo elemento uguale al contenuto della variabile x presente nella lista e lo elimina dalla lista stessa.

In realtà esiste una seconda soluzione ancora più facile.

```
#seconda soluzione con predicati
lista_risultato = [x for x in lista1 if x not in lista2]
```

Questa soluzione è equivalente alla precedente ma è molto più compatta e facile da comprendere. Applica più semplicemente la costruzione di liste secondo un predicato (list comprehension).

Una volta che ho effettuato lo scorrimento degli elementi della prima lista, un elemento x viene inserito nella lista risultato, se e solo se l'if inserito come predicato è vero. Il predicato va a cercare che l'elemento non sia presente nella seconda lista. Questa soluzione evita tutti i cicli fatti nella prima versione.

Esercizio 58 Sequenza crescente di numeri

Scrivi un programma Python che, letto un insieme di 10 numeri interi all'interno di una lista, individui la più lunga sequenza di numeri crescenti all'interno. Stampa la sequenza.
Esempio input 1 2 0 3 4 5 1 -1 1 -1
La sequenza più lunga è 0 3 4 5 ed è lunga 4.

Prendiamo l'esempio del testo e individuiamo quattro sequenze crescenti di numeri.

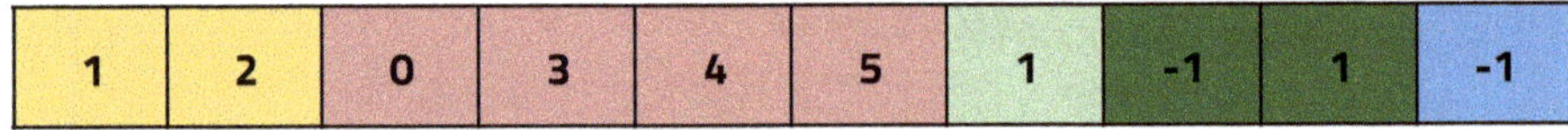

Questo programma tramite la lista sequenzaTemp va a memorizzare, una per volta le quattro sequenze. Con la variabile sequenzaRisultato salvo la sequenza più lunga. Ogni volta che la sequenza di numeri crescenti si interrompe vado a verificare se la sequenza attuale (sequenzaTemp) è più lunga della precedente sequenzaRisultato. Se lo è la nuova sequenzaRisultato diventa l'attuale sequenzaTemp.
Con questa lista di input il programma individua subito come sia più lunga prima la sequenza **[1 , 2]** e successivamente la sequenza **[0, 3, 4, 5].** I successivi numeri vengono presi in considerazione ma non ci sono abbastanza numeri consecutivi per superare i quattro crescenti trovati precedentemente.
Sottolineiamo che la funzione clear() in una lista, elimina tutti gli elementi presenti.

```python
listaNumeri=[]
for i in range(10):
  listaNumeri.append(int(input()))


sequenzaTemp=[] #sequenza all'interno della lista
sequenzaRisultato=[]
i=1
sequenzaTemp.append(listaNumeri[0]) #inserisco sempre il primo elem.
sequenzaRisultato.append(listaNumeri[0]) #inserisco sempre il primo elem.


while i<len(listaNumeri):
  print("confronto", listaNumeri[i-1] , " " , listaNumeri[i])
  if listaNumeri[i-1]>=listaNumeri[i]: #se la sequenza crescente termina
    print("Sequenza terminata")
    #se è vero la sequenza è terminata
    if len(sequenzaTemp)>len(sequenzaRisultato): #verifico se la sequenza
trovata è la più lunga
      sequenzaRisultato.clear()
      sequenzaRisultato=sequenzaTemp.copy()    #memorizzo il risultato
      print("nuova sequenza risultato", sequenzaRisultato)
      sequenzaTemp.clear()
      sequenzaTemp.append(listaNumeri[i])
    else: #se la sequenza trovata non è la maggiore, cancello la sottosequenza
      sequenzaTemp.clear()
  else:
    sequenzaTemp.append(listaNumeri[i])
  i=i+1

if len(sequenzaTemp)>len(sequenzaRisultato): #ulteriore verifica per l'ultima
sequenza di numeri
  sequenzaRisultato.clear()
  sequenzaRisultato=sequenzaTemp.copy()
print(sequenzaRisultato) #stampo il risutato finale
```

Esercizio 59 Conversione da base 10 a base 2

Scrivi un programma che, letto un numero compreso tra 0 e 255, faccia la conversione binaria del numero usando una lista di massimo 8 elementi.

```python
n=int(input("Inserisci un numero N compreso tra 0 e 255: "))
while n<0 or n>255:
    print(" /!\ N non e' valido/!\ ")
    n=int(input("Reinserisci N: "))
#calcolo delle singole cifre del binario
risultato=[]
while n>0:
    resto=n%2
    n=n//2
    risultato.append(resto)
print()
#stampa al contrario del risultato, dalla fine all'inizio della lista
for i in range(len(risultato)):
    print(risultato[len(risultato)-i-1],end="")
```

In questo esercizio si applica l'algoritmo di calcolo di un numero binario che prevede, dato un numero, di calcolare varie volte il resto della divisione del numero con 2. Ogni volta che applico l'operatore di modulo salvo i resti in una lista. I resti rappresentano le cifre del numero binario risultato.

L'unico "problema" è che bisogna stampare il risultato partendo dall'ultimo elemento calcolato verso il primo all'interno della lista.

Per fare ciò devo scorrere i resti partendo dall'ultimo.

Esercizio 60 Conta i bit di un numero binario

Dato un numero binario, conta quanti bit a 1 ha e quanti bit a 0 ha.

```python
risultato=[0,1,0,1,0,1]
print(risultato.count(0))
print(risultato.count(1))
```

In una lista è possibile "contare" quanti elementi aventi un valore specifico sono presenti all'interno con la funzione **count**. Funzione alla quale viene passato l'oggetto che deve essere confrontato per poter effettuare il conteggio.

PARTE 5 - Stringhe e liste di Stringhe

In programmazione e nel linguaggio Python **le <u>stringhe</u> sono un insieme consecutivo di caratteri che vengono memorizzati in un'unica variabile**. Ogni carattere in Python è codificato in formato Unicode.

Il supporto di Python per stringhe è assoluto in quanto esse, a differenza di altri linguaggi di programmazione, sono un tipo di variabili predefinite.

Esistono diverse funzioni standard per fare le principali operazioni su oggetti di tipo stringa ed esse sono contenute nella libreria **string**.

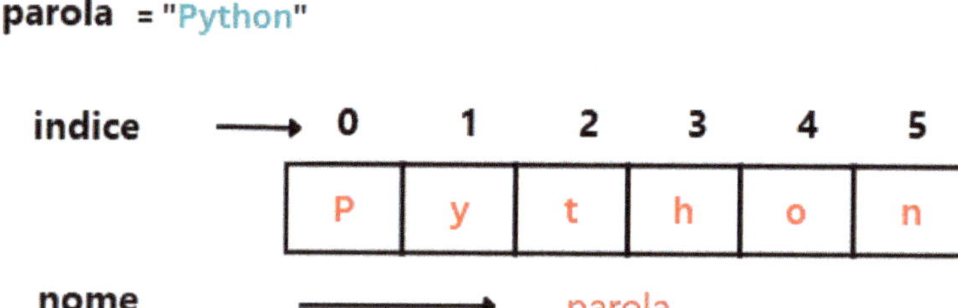

In questa immagine si nota che, ogni lettera, come nelle liste, ha un indice.

Per manipolare (leggere, scrivere, modificare) una variabile di tipo stringa è possibile sia usare direttamente il suo nome per accedere a tutta la stringa, sia farlo su un singolo carattere con un indice e l'operatore []. Ad esempio print(parola[3]) stamperà la lettera h.

Esercizio 61 Lunghezza di una stringa

Scrivi un programma Python che legga da input una stringa e restituisca la sua lunghezza.

```python
stringa=input("Digita una stringa")
print(len(stringa))
```

Come nelle liste si usa la funzione len per calcolare la lunghezza di una stringa.
<u>Si tenga presente che non avendo a che fare con dei numeri ma con delle stringhe, si può usare la funzione input senza la funzione eval che abbiamo usato fino ad ora.</u>

Esercizio 62 Estrazione di alcune lettere

Scrivi un programma Python che legga una stringa da input e stampi soltanto la terza, la quarta e la quinta lettera, se presente.

```python
stringa=input("Digita una stringa")
sottostringa=stringa[2:5]
print (sottostringa)
```

Come detto, per poter accedere ad alcune lettere è possibile utilizzare l'operatore [] (parentesi quadra). In questo caso è possibile definire in modo esplicito l'indice iniziale della prima lettera da stampare e l'indice finale dell'ultima da stampare nella stringa. Il programma così stamperà tutte le lettere indicate, se presenti.
Nel nostro esempio **stampo** tutte le lettere comprese **tra 2 e 5 come indice**.

Esercizio 63 Conversione di una stringa con lettere maiuscole/minuscole

Scrivi un programma Python che letta una stringa ne generi tre, la prima deve avere tutti i caratteri maiuscoli, la seconda tutti i caratteri minuscoli, la terza ha la prima lettera di ogni parola maiuscola, il resto minuscolo.

```python
stringa=input("Digita una stringa")
stringa_minuscola=stringa.lower()
stringa_maiuscola=stringa.upper()
stringa_capitalize=stringa.capitalize()
print(stringa_minuscola,stringa_maiuscola,stringa_capitalize)
```

Python a differenza di altri linguaggi rende molto facile fare queste operazioni con tre funzioni di libreria, **lower()** per rendere la stringa minuscola, **upper()** per renderla maiuscola, **capitalize()** per rendere solo la prima lettera maiuscola.
Altri linguaggi avrebbero richiesto più codice per fare queste banali operazioni.

Esercizio 64 Sostituzione di un carattere

Scrivi un programma Python che legga una stringa da input. La stringa risultato deve avere sostituti i caratteri successivi uguali al primo con il simbolo $.
Esempio Stringa: "restart" , Risultato: "resta$t"

```python
str1="restart"
#memorizzo il primo carattere per sostituirlo
primo_carattere = str1[0]
#sostitusco al primo carattere la $
str1 = str1.replace(primo_carattere, '$')
 #ricostruisco la stringa con il primo carattere e il resto della stringa
str1 = primo_carattere + str1[1:]
print (str1)
```

Con questo esercizio introduciamo alla funzione **replace**. Questa funzione sostituisce tutti i caratteri corrispondenti al carattere passato come parametro, ('r' nel nostro caso) con il secondo carattere passato nel parametro ('$').

In questo caso, <u>dobbiamo memorizzare il primo carattere in quanto la funzione replace lo sostituirà erroneamente</u>. Sarà nostro compito poi andare a ricostruire la stringa giusta concatenando il carattere iniziale corretto con il resto della stringa.

Esercizio 65 Rimuovi vocali

Scrivi un programma Python che letta una stringa, rimuova tutte le vocali presenti, sia che esse siano minuscole che maiuscole.

Esempio input: Aiuola , output: l

```python
#input della stringa
str1=input("Digita una stringa")
vocali=['a','e','i','o','ù]
#scorro la lista di vocali
for v in vocali:
    str1 = str1.replace(v, '') #applico la sostituzione di ogni vocale minuscola
    str1 = str1.replace(v.upper(), '')  #con upper la sostituzione della maiuscola
print("La stringa trasformata:",str1)
```

Questo esercizio si risolve molto facilmente dato che Python, a differenza di altri linguaggi, permette di rimuovere direttamente un carattere facendo una "sostituzione" con un carattere vuoto.

Di fatto <u>con la funzione replace ho fatto uno shift (spostamento) di tutti i caratteri successivi a quello rimosso verso sinistra</u>. In questo modo di fatto, applicare l'algoritmo su ogni vocale (maiuscola e minuscola) diventa veloce.

Esercizio 66 Generatore di Password

> Scrivi un programma Python che generi una password casuale. Questa password deve essere compresa tra 10 e 18 caratteri, questa lunghezza è casuale.
>
> Devono essere presenti esattamente 3 caratteri speciali e 3 cifre.

```python
import string
import random

lunghezzapwd=random.randint(10,18)
password=[]
countNumeri=0
countSpeciali=0
i=0
while i<lunghezzapwd:
  tipocarattere=random.randint(1,3)
  if tipocarattere==1: #lettera
    password.append(random.choice(string.ascii_letters))
  elif tipocarattere==2: #numero
    if countNumeri < 3:
      password.append(random.choice(string.digits))
      countNumeri+=1
    else:
      i=i-1
  else:
    if countSpeciali < 3:
      password.append(random.choice(string.punctuation))
      countSpeciali+=1
    else:
      i=i-1
  i=i+1
print(''.join(password))
```

In questo esercizio si introducono **alcune** variabili predefinite importanti **della libreria string:**

- **string.ascii_letters** : rappresenta l'insieme di tutti i caratteri alfabetici, minuscoli e maiuscoli presenti nell'alfabeto inglese,
- **string.digits** : rappresenta l'insieme di tutte le cifre da 0 a 9,
- **string.punctuation** : rappresenta tutti i segni di punteggiatura più comuni (ad esempio ,#, $,%,&,*, ecc.)

Per estrarre la password uso tre livelli di casualità:

- <u>**il primo livello è sulla lunghezza della password**</u>, rappresentata dalla prima random,

- **il <u>secondo livello è la scelta tra l'ordine dei caratteri</u> tra: lettere**, **cifre o un segno di punteggiatura**: questo livello è rappresentato dalla generazione di un numero intero random dove 1 corrisponde alla presenza di una lettera, 2 di una cifra, 3 di un segno di punteggiatura.

- **il <u>terzo livello va, per ogni categoria, ad estrarre un simbolo a caso nell'insieme dei simboli ammissibili (lettere, cifre , segni di punteggiatura)</u>**. Per fare ciò si usa la funzione random.choice. Questa funzione prende un elemento casuale in un insieme di oggetti passati come parametro.

Infine come ultima cosa, tengo conto di quante cifre e caratteri speciali ho generato nella password per poter generare esattamente una password con 3 cifre e 3 caratteri speciali.

Facendo un test di sicurezza con una password generata dal nostro software scopriamo che per indovinarla a tentativi servirebbero 20 mila anni. **Non male!!**

Esercizio 67 Estrazione delle parole da un testo

Scrivi un programma Python che, letto un testo (con più parole all'interno) da input, estragga tutte le parole presenti e le stampi in ordine alfabetico. Escludi però tutte le parole più corte di 4 caratteri.

```python
str1=input("Digita una stringa: ")
lista=str1.split(' ', -1) #converte una stringa in una lista di parole
#Esempio di split: "Ciao a tutti" diventa la lista ["Ciao", "a", "tutti"] con 3 elementi.
for parola in lista:
  if len(parola)<4:
    lista.remove(parola)
lista.sort()
```

```python
count=0
sommaLunghezza=0
print("Le parole ordinate filtrate sono")
for parola in lista:
  print(parola,end=" ")
  count=count+1
  sommaLunghezza+=len(parola)

print("\nSono rimaste ",count," parole lunghe un totale di
",sommaLunghezza," caratteri")

print("Le parole ordinate filtrate sono")
for parola in lista:
  print(parola,end="")
```

Questo esercizio introduce una nuova funzione che "**espande**" una variabile String in una lista. Questa funzione si chiama **split(), esempio** lista=str1.split(' ', -1).
Una volta eseguita la funzione **la stringa iniziale diventa una lista con all'interno un elemento per ogni insieme di caratteri separati dal separatore**, in questo caso il carattere spazio. Il -1 dice alla funzione che voglio fare l'espansione per tutta la stringa di partenza rendendola di fatto una lista di parole. Utilizzando questa funzione tuttavia se si usa la stessa variabile per memorizzare la lista, si può perdere l'informazione sulla struttura della Stringa digitata dall'utente all'inizio.

Esercizio 68 Somma delle cifre in una lista

Scrivi un programma Python che letta da input una stringa di parole calcoli la somma delle singole cifre, solo per i numeri presenti scritti in cifre.

Esempio, dopo l'input dell'utente:

stringa=" 10 mare montagna 60"

Il risultato sarà : 7

```python
sommaCifre=0
str1=input("Digita una stringa: ")
lista=str1.split(' ') #estraggo le parole dalla stringa
for parola in lista:
  for lettera in parola:  #estraggo tutte le lettere della parola
    if lettera.isdigit():#con isdigit controllo se è una cifra
      sommaCifre=int(lettera)+sommaCifre  #nel caso, sommo quella
cifra alle altre, convertendo il carattere in numero con int()

print("La somma totale delle cifre vale: ",str(sommaCifre))
```

In questo esercizio l'algoritmo fa **due scomposizioni**:

- **la scomposizione delle singole parole con la funzione split() in una lista**,

- l**o scorrimento carattere per carattere delle singole parole con un for**.

In questo for tramite la funzione **isdigit()** andiamo a verificare se un carattere nella parola è effettivamente numerico o no. La funzione restituisce True se tutti i caratteri dell'oggetto su cui è chiamata sono numerici, False altrimenti. Questa funzione è compatibile sia con parole di diversi caratteri che con singoli caratteri. Fatto questo, la somma delle cifre rimanenti diventa immediata in quanto ho già filtrato tutti i caratteri non cifre, quindi questo programma non ha bisogno di controlli particolarmente difficili.

Esercizio 69 Stringa al contrario

Scrivi un programma che "inverta" l'ordine delle parole contenute in una stringa.

Esempio di input: "uno per tutti"

Esempio di output:"tutti per uno"

```python
stringa=input("Digita una stringa: ")
lista=stringa.split(' ') #estraggo le parole dalla stringa
lista=lista[::-1]
risultato=' '.join(lista)
print("La stringa risultato e':", risultato)
```

Anche in questo esercizio si usa l'espansione per rendere più facile la trattazione delle singole parole, sfruttando le facili funzioni predefinite che Python offre.

La riga chiave di questo esercizio è quella che inverte l'ordine delle parole, lista=lista[::-1] , che sfrutta l'operatore [] di Python.

Questo operatore lo abbiamo già usato per scorrere liste di numeri precedentemente e può anche essere usato anche per liste di stringhe o di caratteri. La sintassi generale è sempre questa:

lista[<start>:<stop>:<step>]

Quindi, ad esempio, **lista[1,10,2]**

Scorre dall'elemento di indice 1 all'elemento di indice 10 tutti gli elementi presenti "avanzando" di 2 elementi per volta.

In questo esercizio invece usiamo la sintassi speciale **lista[::-1]** che permette di scorrere la lista al contrario partendo dall'ultimo elemento e scorrendo tutti gli elementi; il -1 significa proprio lo scorrimento opposto.

Questo è possibile perché in ogni lista, per ogni elemento esiste sia un indice positivo, partendo dall'inizio della lista, che un indice negativo che parte dall'ultimo elemento.

PARTE 5 - Stringhe e liste di Stringhe

In questa immagine ho preso una lista di caratteri per mostrare gli indici negativi.

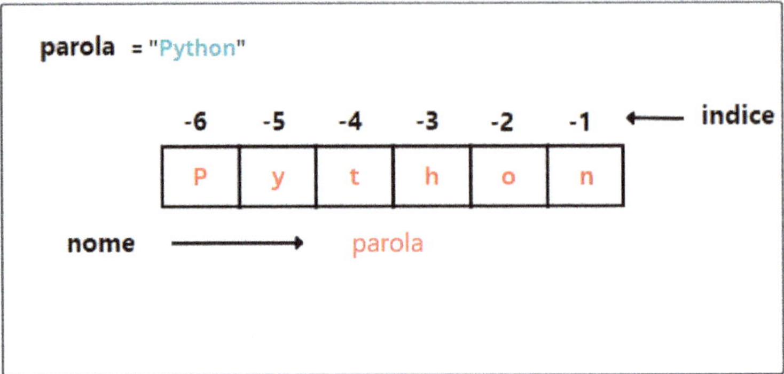

Questa doppia modalità di accesso nelle liste è molto potente ma bisogna sempre tenere presente che eventuali modifiche alla dimensione della lista, durante un accesso, potrebbero rendere errata l'esecuzione delle diverse manipolazioni che si fanno sulle strutture dati.

In ultimo, in questo esercizio, viene mostrato **come convertire una lista parole in un'unica stringa.**

La funzione in questo caso è la funzione ' '.join(lista) : __questa funzione concatena gli elementi estratti dalla lista in un'unica variabile__.

Bisogna prestare attenzione tuttavia a ricostruire correttamente gli spazi, o più in generale, i separatori presenti nella stringa iniziale.

Esercizio 70 Stringa palindroma

Scrivi un programma Python che, letta da input una stringa di parole, dica se essa è palindroma o no. Una stringa palindroma si può leggere in modo indistinto nelle due direzioni (da sinistra verso destra e destra verso sinistra)

```python
#"E raro, vi dico, nere noci divorare!"
import string
stringa="E raro, vi dico, nere noci divorare!"
stringa=stringa.replace(' ','') # rimuovo tutti gli spazi

for x in string.punctuation:  #rimuovo tutte le possibili lettere speciali
    stringa=stringa.replace(x,'')

stringa=stringa.lower()     #rendo il teso tutto minuscolo
print(stringa)
```

```python
for i in range(0,len(stringa)//2):
  if (stringa[i]!=stringa[-i-1]): #scorro la stringa sia dal fondo che da davanti
    print("Le due stringhe non sono palindrome")
    exit()                    #exit() interrompe subito l'esecuzione
print("Le stringhe sono palindrome")
```

Un **esempio** di stringa palindroma potrebbe essere:

E raro, vi dico, nere noci divorare!

In questo esercizio svolgo due operazioni:

- **Rimuovo tutti gli spazi ed i caratteri speciali dalla stringa** per poter avere un array/lista con solo gli elementi significativi (lettere).

- **Scorro contemporaneamente la lista in avanti e all'indietro per confrontare le varie lettere**. Se almeno una volta le lettere non sono uguali tra di loro significa che la frase non è palindroma.

In questo caso per fermare l'esecuzione del programma uso la funzione **exit()** , funzione che interrompe immediatamente l'esecuzione del codice.

Esercizio 71 Filtro parole

Scrivi un programma Python che, letta una stringa in input ed una lista di lettere R (input di uscita -1), rimuova dalla stringa tutte le parole con all'interno almeno una delle lettere dell'insieme R.
Stampa la stringa risultato.

```python
stringa=input("Digita la stringa da filtrare: ")
lettere=[]
stringaRisultato=[]
x=input("Digita il primo carattere da filtrare: ")
while x != "-1":
  if len(x)==1:
    c=chr(x[0])
    lettere.append(c)
  else :
    print("Carattere non valido")
  x=input("Digita il prossimo carattere")
stringaT=stringa.split()
```

```python
for str1 in stringaT:
  count=0
  for l in lettere:
   if l in str1:
     count=count+1 # conto quante volte le lettere da filtrare sono nella
parola
   if count==0:
    stringaRisultato.append(str1)
print(' '.join(stringaRisultato))
```

In questo esercizio creo **due liste**:

- una prima lista contenente <u>le singole parole della frase inserita</u>, ad esempio ("ciao" ,"a", tutti")

- una seconda contenente <u>le lettere da filtrare</u>. (ad esempio 'a')

Si sottolinea che questa soluzione esegue un controllo sull'input affinchè effettivamente siano singoli caratteri quelli inseriti per applicare il filtro.

Per creare la lista risultato, elaboro ogni parola della frase lettera per lettera alla ricerca dei caratteri da filtrare. Qualora siano individuati essi vengono contati affinchè la parola sia esclusa dalla stringa risultato.

<u>Il risultato di questo esercizio con le parole di prova citate è</u> **["tutti"]**.

Esercizio 72 Cifrario di Cesare

Il cifrario di Cesare è un metodo semplice per crittografare (nascondere) il contenuto di una stringa. Ogni carattere della stringa iniziale viene cambiato "traslandolo" di K caratteri avanti o indietro.

Scrivi un programma Python che, letta da input una stringa e un numero K, calcoli la stringa cifrata con questo cifrario.

Esempio, dopo l'input dell'utente

"zorro era un cavaliere"

Inserisci un numero intero: 3

La frase cifrata e: cruur hud xq fdydolhuh

```python
import string
stringa=input("Digita la stringa da cifrare: ")
K=int(input("Digita un numero intero positivo"))
stringaRisultato=[]
#estraggo le lettere alfabetiche
caratteri=string.ascii_letters
#estraggo solo i caratteri minuscoli
caratteri=caratteri[0:26]
#trasformo i caratteri in una lista di 26 elementi
caratteri=list(caratteri)
print(caratteri)
#per scelta non c'e' distinzione tra carattere maiuscolo e minuscolo
stringa=stringa.lower()
#scorro tutti i caratteri della frase digitata
for s in stringa:
  if s!=' ': #se è vero calcolo il carattere cifrato
    print(caratteri.index(s),end=" ")
    posiz=caratteri.index(s) #ricavo la sua posizione partendo dalla a
    posizioneFinale=(posiz+K)%len(caratteri) #scorro di K posizioni avanti
    print(posizioneFinale," ", caratteri[posizioneFinale])
    stringaRisultato.append(caratteri[posizioneFinale]) #aggiungo il
carattere calcolato alla stringa risultato
  else: #se c'è uno spazio lo aggiungo al risultato
    stringaRisultato.append(' ')
print('.join(stringaRisultato))
```

Per scelta si ipotizza che tutta la stringa sia composta da caratteri minuscoli e spazi (senza cifre e caratteri speciali).

In questo esercizio mi creo una lista con tutte le lettere dell'alfabeto e, scorrendo le varie lettere (spazi esclusi) della stringa inserita dall'utente, ricavo ogni carattere cifrato "scorrendo" in avanti la lista di K posizioni.

Ad esempio inserendo **K=3** e la lettera "**a**",

- il carattere risultato sarà "**d**",

- inserendo il carattere "**b**" cifrato sarà "**e**" ecc.

Scorrendo di K posizioni in avanti potrei "uscire" dal numero di caratteri alfabetici [a-z] dell'alfabeto inglese: per ripartire da 'a' dopo essere arrivati alla 'z' uso l'operatore di modulo che "riduce" il l'indice traslato ad essere minore della dimensione della lista. L'operazione viene fatta in questa riga.

```python
posizioneFinale=(posiz+K)%len(caratteri) #scorro di K posizioni avanti
```

Esercizio 73 Conta Vocali

> Scrivi un programma Python che, letta una stringa stampi quante vocali ci sono all'interno.

```python
vocali=['a','e','i','o','u']

testo_input = input("Digita il testo controllare")
totale_vocali=0
#scorro le vocali e conto considerando la versione minuscola del testo
for v in vocali:
  totale_vocali=totale_vocali+testo_input.lower().count(v)

print(totale_vocali)
```

Come fatto per le liste di numeri anche per i caratteri è possibile usare la funzione **count**. In questo caso la funzione count andrà a scorrere il testo di input e conterà quanti caratteri sono uguali al pattern di confronto (cioè al carattere) inserito nella funzione.

Esercizio 74 Ricerca di una stringa

> Scrivi un programma Python che, letta una stringa S da input e una stringa K, ricerchi le occorrenze di K in S stampando la posizione del primo carattere.
> Esempio CiaociaoCiaociao Pattern: ciao Output: 4 12

```python
testo_input = input("Digita il testo controllare")
pattern = input("Digita la stringa da cercare")
#scorro la stringa stampo la posizione degli elem trovati
start_index=0
for i in range(len(testo_input)):
 j = testo_input.find(pattern,start_index)
 if(j!=-1):
   start_index = j+1
   print(j)
```

In questo esercizio usiamo la funzione **find()** della libreria string di Python. Questa funzione richiede **due parametri**: **la stringa da cercare** e **l'indice del carattere dove iniziare la ricerca**. Questa funzione restituisce -1 quando non viene trovata la stringa ricercata, diversamente restituisce la posizione del primo carattere corrispondente al pattern.

PARTE 6 - Le funzioni

I problemi che abbiamo affrontato fino ad ora sono stati tutti risolti con un numero limitato di istruzioni. Generalmente però un software, scritto in Python o in qualsiasi linguaggio di programmazione, non si limita a poche righe di codice ma può essere composto da centinaia di migliaia di istruzioni. Per poter gestire tutta questa complessità **è necessario organizzare e suddividere il codice.** Il primo metodo è quello di definire le **funzioni**.

Una **funzione** è un **modulo software** che ha lo scopo di implementare, dato un problema complesso, una singola operazione "elementare" che viene effettuata nel programma.

Le funzioni realizzano la tecnica di programmazione top-down. Questa tecnica prevede di <u>dividere</u> un problema <u>complesso</u> in tanti <u>sottoproblemi più semplici</u>. Questi sottoproblemi, se abbastanza semplici, possono essere implementati con una funzione.

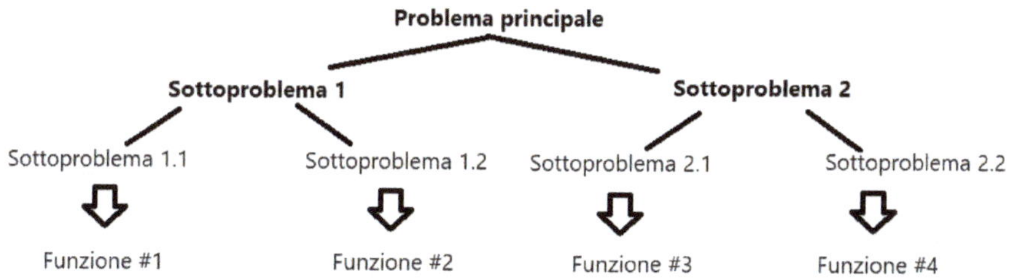

Ogni problema può avere un numero qualunque di sottoproblemi. Guardiamo la struttura generale di una funzione con il primo esercizio.

Esercizio 76 Quadrato di un numero - Funzione

> Scrivi una funzione che passato un numero stampi il suo quadrato.

```python
def calcolaQuadrato(Numero):   #definizione della funzione con 1 parametro
    risultato = Numero*Numero       #Numero è usabile solo nella funzione
    print("il quadrato di",Numero," vale", risultato )
    return risultato                #restituisce un funzione chiamante


valore = calcolaQuadrato(5)        #chiamata della funzione
print("Questo numero: ", valore, "è restituito dalla funzione")
```

<u>Ogni funzione è un blocco di codice indipendente e viene definita con una sintassi</u> che prevede l'uso dell'istruzione **def**. Dentro le parentesi vengono definiti i **parametri**, cioè le variabili (**numeri, stringhe, liste ecc.**) che devono essere forniti

alla funzione per eseguire correttamente le istruzioni che vengono definite.
Nel blocco di istruzioni della funzione è eseguito il **corpo della funzione**.
L'istruzione **return** invece restituisce un valore (o anche più) che rappresenta il risultato dell'elaborazione della funzione.
Quando vogliamo usare la funzione che abbiamo definito sarà sufficiente richiamarla con il suo nome e passargli i parametri che sono definiti.

Esercizio 77 Pari o dispari - Funzione

Scrivi una funzione che definisca se un numero X inserito da input è pari o dispari.

```python
def isPari(Numero):
  if Numero%2==0: # se il numero è pari
    return True      #restituisco il valore di verità vero o falso alla funzione
  else:              #chiamante
    return False


x = eval(input("Digita un numero"))
print("X è pari?", isPari(x))
```

I vantaggi di usare le funzioni possono essere molti:
- **Riusabilità**: una funzione scritta una volta può essere riusata tutte le volte che serve una certa funzionalità nel nostro software,
- **Semplicità del codice e riduzione della complessità dei programmi**: scrivere le funzioni ci permette di dividere un problema difficile in tanti piccoli problemi più facili da implementare.
- **Facilità di manutenzione**: in caso di malfunzionamento di una parte del programma, usando le funzioni, diventa più facile poter intervenire per cercare il problema.
- **Possibilità di creazione di "librerie di funzioni"**: quando si implementano dei software complessi è possibile crearsi una propria libreria che possa raccogliere tutte le funzioni che ci possono servire per risolvere una certa *classe* di problemi.

Nel nostro esercizio True e False restituiti dalla funzione isPari sono due valori di verità che **possono essere usati all'interno di altre strutture di controllo come if e while** viste in precedenza per fare successive operazioni con quell'informazione.

Esercizio 78 Il gioco casuale dei dadi - Funzione

Scrivi una funzione che simuli il lancio di due dadi. Il giocatore vince se esce 2 volte lo stesso valore in 5 tentativi. Dichiara se il giocatore vince o no.

```python
import random
def lancioDado():        #effettuo il lancio dei dadi
 dado1=random.randint(1,6)
 dado2=random.randint(1,6)
 return dado1, dado2     #restituisco i valori del lancio al pgm chiamante

for i in range(5):
 dado1,dado2=lancioDado()#memorizzo ciò che ha calcolato la funzione
 print("D1:", dado1," D2:", dado2)
 if dado1==dado2:        #verifico se ho vinto o no
    print("Il giocatore ha vinto in ",i+1, "tentativi")
    exit()
print("Il giocatore ha perso!")
```

Python a differenza di altri linguaggi di programmazione permette alle funzioni di restituire più valori al chiamante: questo è possibile separando con la virgola le variabili nell'istruzione <u>return</u>. Il <u>chiamante</u> è colui che "usa" la funzione per sfruttare la funzionalità offerta da quel sottoprogramma. In questo caso la funzionalità che offre è quella di lanciare due dadi.

Sottolineo che le variabili dado1 e dado2 della funzione sono fisicamente diverse dalle variabili dado1 e dado2 presenti nel programma principale.

Esercizio 79 Visibilità delle variabili - Funzioni

Scrivi un programma che legga due numeri interi X e Y da input. Nella funzione calcola la radice quadrata approssimata di quel numero salvando il risultato nelle variabili passate alla funzione. Stampa le variabili X e Y sia nella funzione che nel programma principale.

```python
import math
def radice(x,y):
 x=int(math.sqrt(x))      #con la funzione int approssimo per difetto
 y=int(math.sqrt(y))
 print("X nella funzione: ",x,"\n","Y nella funzione ",y)

x = eval(input("Digita un valore per X "))
y = eval(input("Digita un valore per Y "))

radice(x,y)         #chiamata della funzione
print("X nel main: ",x,"\n","Y nel main: ",y)
```

Se proviamo ad inserire come **ad esempio** , X=10 e come Y=200 **ci attendiamo che**

in questo programma sia nella funzione che nel programma principale Python **stampi 3 e 14. <u>Questo in realtà non succede per due motivi:</u>**
- per prima cosa **dalla funzione radice() non ho restituito correttamente con l'istruzione return** i valori calcolati nella funzione.
- per secondo, **x ed y presenti nella funzione sono due variabili diverse da quelle presenti nel programma principale (main)**. Diverse al punto tale che possono avere valori diversi: infatti questo programma restituisce questo output:

> **X nella funzione: 3**
>
> **Y nella funzione: 14**
>
> **X nel main: 10**
>
> **Y nel main: 200**

Qual è quindi **il legame** che c'è tra le **variabili del programma principale** e le **variabili passate come parametro alle funzioni**?

Per le variabili semplici che usiamo in questi esercizi viene fatto il cosiddetto passaggio per valore delle variabili. In poche parole, **<u>quando chiamiamo una funzione, Python fa una copia dei valori delle variabili dal programma principale a quelle presenti nella firma della funzione</u>**.

Questa è l'evoluzione delle variabili all'atto della chiamata.

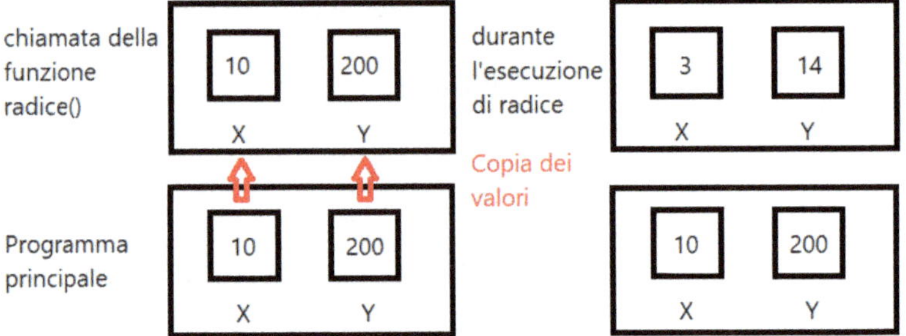

E al termine dell'esecuzione:

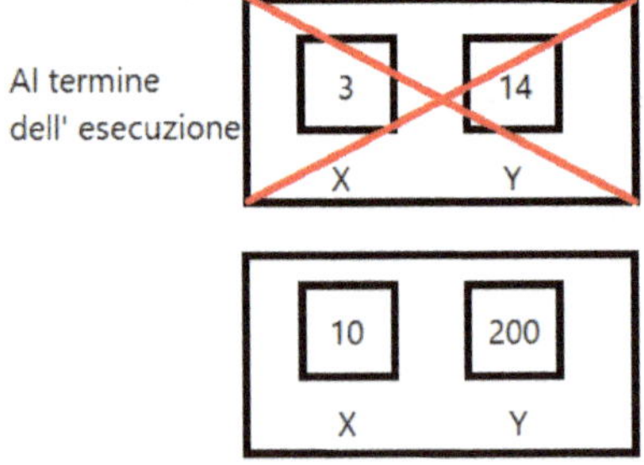

Se non memorizzo X e Y con l'istruzione return questi valori, modificati nella funzione, vengono <u>distrutti anche se apparentemente hanno lo stesso nome</u>.

Esercizio 80 Sequenza di numeri dispari - Funzione

Scrivi una funzione "sequenza dispari" che legga da input una sequenza di numeri dispari fermandosi al primo numero pari incontrato. Restituisci al programma chiamante il valore più piccolo della sequenza inserita e quanti sono stati i numeri inseriti.

```python
def generaSequenzaDispari():
  sequenza=[]
  contatore=0
  x=int(input("digita il prossimo numero della sequenza"))
  while x % 2 == 1:      #fintantoche inserisco numeri dispari
    contatore=contatore+1
    sequenza.append(x)    #salvo i valori in una lista
    x=int(input("digita il prossimo numero della sequenza"))
  return min(sequenza),contatore #restituisco il minimo e il conteggio
#programma principale
minimo,contatore=generaSequenzaDispari()
print("il valore minimo della sequenza di ",contatore, "elementi è ",minimo)
```

In questo esercizio iniziamo a unire molti concetti delle parti precedenti di questo manuale. Nelle funzioni infatti è possibile usare in modo indistinto tutto ciò che è già stato affrontato. Nello specifico, utilizzo una lista (chiamata sequenza) per memorizzare i numeri inseriti e tramite la funzione di libreria **min()** vado a calcolare il minimo valore della lista.

Sottolineo che per scelta la lista non viene restituita al programma principale. È buona norma, di solito, restituire al programma chiamante solo quello che effettivamente è richiesto e non tutto quello che viene memorizzato nelle variabili nella funzione.

Esercizio 81 Indovina i numeri - Funzioni

> Scrivi una funzione che generi 10 numeri casuali tra 1 e 90, memorizzando i numeri in una lista. Scrivi un programma Python che richieda all'utente 10 numeri compresi tra 1 e 90. Il giocatore vince se inserisce casualmente almeno un numero uguale a quelli generati dalla funzione. Scrivi una funzione determinaVittoria() che controlli se il giocatore ha vinto.

```python
import random
def generaSequenza():
  lista=[]
  for i in range(10):
    lista.append(random.randint(1,90))
  return lista


def determinaVittoria(listaUtente,listaRandom):
  #soluzione con predicati
  numeri_coincidenti = [x for x in listaUtente if x in listaRandom]
  if len(numeri_coincidenti) >0:
    return True
  return False


numeri_utente=[]
#programma principale
print("Digita i 10 numeri per provare a vincere!")
for i in range(10):
  x=int(input("digita il prossimo numero:"))
  while x<1 or x >90:
    x=int(input("Numero non valido, deve essere tra 1 e 90\n"))
  numeri_utente.append(x)

listaRandom=generaSequenza()   #estraggo i 10 numeri
numeri_vincenti=generaSequenza() #verifico se ho indovinato almeno 1 numero
if determinaVittoria(numeri_utente,listaRandom)==True:
  print("Hai Vinto")
else:
  print("Hai Perso!")
```

Per semplicità nell'inserimento non ho controllato che l'utente non possa inserire due volte lo stesso numero.

In questo programma scrivo due funzioni:

- **generaSequenza()** che genera una lista di numeri vincenti,
- **determinaVittoria()** che confronta con un predicato da una parte i numeri dell'utente, dall'altra i numeri vincenti. Se almeno uno è presente in entrambe le liste allora il giocatore ha vinto e restituisco True al programma principale.

Nel programma principale richiamerò le funzioni facendo in modo che l'utente non possa conoscere a priori i numeri fortunati.

Esercizio 82 Il Mac Address - Funzioni

In Informatica il MAC address è un indirizzo che identifica l'hardware di rete di una macchina. È composto da 12 cifre esadecimali divise in coppie dal simbolo ' : ' . Una cifra esadecimale è composta dai seguenti simboli: "ABCDEF0123456789".

Scrivi una funzione genera() che sviluppi una stringa corrispondente ad un plausibile MAC address. Esempio: AB:BC:AB:BC:00:23

```python
import random
def genera():
  char_set = "ABCDEF0123456789"
  mac_addr = ""

  for x in range(12):
    mac_addr += random.choice(char_set)
    if x<11 and x%2==1: #se x è pari metto i due punti
      mac_addr += ":"
  return mac_addr

print(genera())
```

Anche in questo esercizio come in uno dei precedenti usiamo la funzione **choice** della libreria **random**. Questa funzione andrà a generare uno dei caratteri ammissibili possibili. Ogni due numeri esadecimali generati andrò a inserire i due punti che permettono di avere la rappresentazione prevista dallo standard.

Dal punto di vista delle funzioni questo programma non ha parametri in ingresso e la stringa **non** viene memorizzata nel programma principale.

<h2 align="center">PARTE 6 - Le funzioni</h2>

Esercizio 83 Lancio della moneta - Funzioni

Scrivere un programma Python che simuli il lancio di una moneta per 10 volte e scriva quante volte esce testa e quante croce. Il lancio della moneta deve essere fatto in una funzione (Lancio) che restituisce il valore uscito.

```python
import random
def lancio():
  char_set = "TC"
  return random.choice(char_set)

contaTesta=0
contaCroce=0
for i in range(10):
  x=lancio()
  if x=="T":
    contaTesta+=1
  else:
    contaCroce+=1

print("Lanci effettuati: Testa",contaTesta," volte, Croce",contaCroce," volte")
```

Anche in questo esempio si utilizza la **random/choice per generare il lancio di una moneta** con due caratteri : T per testa e C per croce.
La funzione viene chiamata 10 volte in quanto essa si occupa solo di restituire l'estrazione effettuata.

Esercizio 84 - Parole al contrario - Funzioni

Scrivi una funzione Python che, presa una stringa come parametro restituisca la stessa stringa con tutte le parole scritte con i caratteri in ordine inverso.
Esempio Input: Buongiorno a Tutti.
Output: ittuT a onroignouB

In questo esercizio applichiamo il concetto di "espansione" e "riunione" della lista. Infatti vengono fatte <u>due espansioni</u>:

- la prima <u>a livello delle parole</u>, per creare una lista rispetto alle parole digitate dall'utente,
- la seconda <u>all'interno di ogni parola</u>, in modo da invertire i singoli caratteri.

Una volta fatto ciò è necessario fare l'operazione inversa per ricostruire la stringa in modo che sia equivalente nella struttura a quella di partenza.

Si noti che dal punto di vista del programma principale questa **funzione** (come tante altre in realtà) **è vista come una <u>black box</u>. Il programma principale non sa cosa**

faccia la funzione all'interno e come effettivamente vengono calcolati i risultati finali. Si utilizza questo concetto di "scatola nera" perché il programma chiamante deve essere conoscenza solo del nome della funzione, dei suoi parametri (una stringa in questo caso) e di ciò che restituisce ma non di come lo realizza!

```python
def reverse(str1):
  parole=str1.split(' ', -1)
  stringaReverse=[]

  for word in parole: #espando le parole presenti
    parola_invertita=[]
    for c in word[::-1]: #espando le lettere di una parola in ordine inverso
      parola_invertita.append(c) #creo una lista con le lettere invertite
    parola_invertita=''.join(parola_invertita) #ricompongo la prima parola
    stringaReverse.append(parola_invertita)
  stringaReverse=' '.join(stringaReverse) #ricompongo la stringa dalle parole
  print(stringaReverse)
  return stringaReverse


str1=input()
print(reverse(str1))
```

Esercizio 85 Equazioni secondo grado - Funzioni

Scrivi un programma Python che risolva calcolando le soluzioni, se presenti, per le seguenti equazioni di secondo grado:

$x^2+5x+4=0$

$x^2-4x=0$

$x^2+4=0$

Le equazioni sono nella forma $ax^2+bx+c=0$ ma potrebbero non avere tutti i coefficienti.

In questo esercizio, come in tanti altri, non sempre esistono i valori dei parametri da passare alle funzioni.

Lavorando con le equazioni nella forma $ax^2+bx+c=0$, non sempre infatti ci sono tutti i coefficienti a, b e c da poter passare alla funzione.

Python, come avviene in altri linguaggi, permette di passare ad una funzione un valore "Nullo", cioè un valore speciale del parametro che significa che quel parametro non è specificato. Questo valore è la parola chiave **None**.
Sarà nostra cura dover controllare e gestire i valori nulli (None), come facciamo in

questo esercizio.

Un valore nullo in Python è gestito nelle funzioni controllando il valore di un parametro sia (o no) nullo (None), cioè non abbia un valore.

È consentito utilizzare None in qualunque tipo condizione, sia nella selezione binaria (if) che nell'iterazione while.

```python
from math import sqrt
def equazione(a,b,c):
#imposto i valori non passati nella funzione a zero
 if a==None:
   a=0
 if b==None:
   b=0
 if c==None:
   c=0
#calcolo il delta
 delta = b**2 - 4 * a * c
#risolvo l'equazione
 if delta < 0:
   print("Delta negativo. Nessuna soluzione reale (impossibile).")
   x1=None
   x2=None
   #sarebbe stato possibile fare anche
   #return None,None
 elif delta == 0:
  x1 = (-b) / (2 * a)
  x1 = x2
  print("Delta nullo. Unica soluzione x=", x)
 else:
  x1 = (-b - sqrt(delta)) / (2 * a)
  x2 = (-b + sqrt(delta)) / (2 * a)
  print("Delta positivo. Due soluzioni reali x1=", x1, " x2=", x2)
 return x1,x2

#risolvo le tre equazioni della consegna
x1,x2=equazione(1,5,4)
x1,x2=equazione(1,-4,None)
x1,x2=equazione(2,None,4)
```

Esercizio 86 Conta Vocali/Consonanti - Funzioni

Scrivi la funzione ContaVocaliConsonanti(), funzione a cui passiamo una stringa letta da input. La funzione restituisce quante sono le vocali e quali le consonanti presenti nella stringa.

```python
def contaVocaliConsonanti(str1):
    str1=str1.lower()
    nConsonanti=nVocali=0
    # Definisci l'insieme delle vocali
    vocali = {'a', 'e', 'i', 'o', 'u'}
    # Conto le consonanti nella stringa
    for carattere in str1:
        if carattere.isalpha() and carattere not in vocali:
            nConsonanti += 1
    # Conto le vocali nella stringa
    for carattere in str1:
        if carattere in vocali:
            nVocali +=1
    return nVocali,nConsonanti

#Programma principale
stringa=input("Digita la stringa")
nVocali,nConsonanti=contaVocaliConsonanti(stringa)
print("Ci sono ",nVocali," vocali e ", nConsonanti," consonanti")
```

Questo esercizio è simile a uno già visto in precedenza, lo propongo di nuovo perchè il conteggio delle consonanti avviene per **sottrazione**.

Infatti, scorrendo i vari caratteri, si verifica ogni singolo carattere sia alfabetico (a,b,c,d,e,f, ecc.) con la funzione **isalpha()** . Se lo è ciò si sottraggono le vocali.

La sottrazione avviene con una semplice ricerca tramite in una lista contenente solo le vocali.

Anche in questo caso il programma lavora rendendo tutta minuscola la stringa di lavoro in quanto, non c'è per me distinzione alcuna tra lettere minuscole e maiuscole.

Esercizio 87 Permutazioni - Funzioni

Scrivi un programma Python che letti esattamente tre caratteri, generi una lista contenente tutte le parole possibili date dalla permutazione delle tre lettere.
Esempio "abc"
Alcune possibili permutazioni: abc, aab,aac,bac,cab,bba,bbc,aac, ecc.

```python
def generaStringhe(stringa):
    return [char1 + char2 + char3 for char1 in stringa for char2 in stringa for char3 in stringa ]

# Leggi i caratteri dall'utente
str1 = input("Inserisci i 3 caratteri (senza spazi): ")

if len(str1) == 3:
    risultato = generaStringhe(str1)
    print("Stringhe generate:")
    for parola in risultato:
        print(parola)
else:
    print("Inserisci esattamente 3 caratteri.")
```

In Matematica una permutazione è il risultato di uno scambio dell'ordine degli elementi di una sequenza, ossia è uno dei possibili modi per ordinare elementi di qualsiasi tipo.
Generare quindi tutte le permutazioni significa trovare tutti i modi in cui una sequenza di elementi può essere ordinata.
Per generare le varie stringhe partendo dalle tre lettere anche in questo caso Python ci viene in aiuto con la **List Comprehension**.
Nella List Comprehension, infatti, è possibile aggiungere più predicati di generazione per un'unica lista risultato. In questo esercizio uso infatti contemporaneamente le tre lettere di partenza usando tre cicli for. In questo modo il programma andrà a creare le varie permutazioni di tre lettere ciascuna. Questo è reso possibile dal fatto che i tre cicli for vengono visti come tre cicli nidificati, quindi questa generazione di stringhe con 3 lettere avviene ben 27 volte!

Esercizio 88 Fusione in una lista - Funzioni

Scrivi una funzione Python che generi 20 numeri compresi tra -100 e 100.
La funzione fondiLista() genera una lista dove due elementi consecutivi della lista iniziale sono sommati in un unico elemento solo se hanno i segni concordi.

```python
import random
def fondilista(lista):
  listaRisultato=[]
  for i in range(len(lista)//2):
    if lista[i*2]*lista[i*2 +1]>0:  #scorro a due a due gli elementi
        listaRisultato.append(lista[i*2]+lista[i*2 +1]) #se il segno è uguale
    else:
        listaRisultato.append(lista[i*2])               #se è diverso copio e basta
        listaRisultato.append(lista[i*2+1])
  return listaRisultato
def generalista():
  lista=[]
  for _ in range(10):
    lista.append(random.randint(-100,100))
  return lista


lista=generalista()
listaRisultato=fondilista(lista)
print(lista)
print(listaRisultato)
```

Esempio

Lista Iniziale:[**-12, -95,** 91, -66, 14, -95, **-74, -58,** 55, -61]

Lista finale: [**-107**,   91, -66, 14, -95, **-132**,   , 55, -61]

Per scorrere gli elementi in coppia nella lista iniziale moltiplico l'indice i con cui scorro la lista per due, facendo pertanto un numero di iterazioni pari alla metà della lunghezza della lista.

Avrei analogamente potuto farlo impostando il ciclo in questo modo:

for i in range(0,len(lista),2):

Per determinare se due numeri hanno lo stesso segno verifico se il loro prodotto è maggiore di zero.

Infatti, il prodotto di due numeri entrambi positivi o negativi è sempre positivo.

Con l'informazione dei segni delle coppie di numeri tramite la costruzione di una seconda lista chiamata *listaRisultato* fondo tutti gli elementi concordi, ricopiando tutte le coppie di elementi con segno discorde.

Esercizio 89 Controllo sugli elementi - Funzione

Scrivi una funzione che acquisisca in input un vettore di interi di 5 elementi.
La funzione restituisce True se esistono due valori nel vettore la cui somma è
uguale ad un altro elemento presente nel vettore, False altrimenti.
Per esempio, se l'input è [2, 7, 3, -2, 9] il risultato è True perchè 2+7=9 e 9 è
l'ultimo elemento del vettore stesso.

```python
def isSommadiElementi(lista):
    dimensione=len(lista) # la lunghezza della lista
    for i in range(dimensione): #scorro la lista
      for j in range(dimensione): #ricerco con j e k gli indici di altri due elementi
        for k in range(dimensione):
            #se sono tre elementi distinti (il primo e i due da sommare) allora
posso confrontare la somma
            if i!=j and j!=k and j!=k and lista[j]+lista[k]==lista[i]:
              return True
#input
lista=[]
for i in range(5):
    lista.append(eval(input("Digita il prossimo numero: \n")))
if isSommadiElementi(lista):
    print("Almeno un elemento è somma di altri due")
else:
    print("Nessun elemento è somma di altri due")
print(lista)
```

<u>Scorrere tre volte una lista può sembrare difficile</u>, ma per farlo nel modo giusto
bisogna innanzitutto pensare a cosa vogliamo fare ogni volta che scorriamo i vari
elementi del vettore rispetto agli indici:
- con l'indice **i** prendiamo un primo numero da confrontare con gli altri,
- con gli indici **j e k** cerco due numeri **<u>diversi</u>** tra di loro nella lista da sommare
insieme per fare il confronto con il primo numero.

Esercizio 90 Fattoriale - Funzione ricorsiva

Scrivi un programma che, dato un numero N intero, calcoli il suo fattoriale.

Il fattoriale di un numero N è il prodotto per tutti i suoi precedenti. Mentre il fattoriale di 0 è 1.

Scrivi questo programma con una funzione ricorsiva.

Questo esercizio vuole essere una **brevissima introduzione** per un argomento molto articolato che non viene trattato in questo manuale: le **funzioni ricorsive**. Le funzioni ricorsive sono **funzioni che** all'interno del corpo della funzione **richiamano se stesse**.

Sono funzioni che scatenano quindi una "catena" di chiamate a loro stesse per fare una elaborazione su una struttura dati o svolgere una operazione Matematica. L'algoritmo ricorsivo quindi richiama se stesso generando una sequenza di chiamate che ha **termine al verificarsi di una condizione particolare che viene chiamata condizione di terminazione**. Essa in genere si attiva con particolari valori di input dei parametri.

```python
def calcola_fattoriale(n):
  if n == 0 or n == 1:
    return 1
  else:
    return n * calcola_fattoriale(n - 1) #chiamata ricorsiva.

numero = int(input("Inserisci un numero positivo o uguale a zero: "))
while numero<0:
    numero = int(input("Numero non valido\nInserisci un numero positivo o uguale a zero: "))
risultato = calcola_fattoriale(numero)
print("Il fattoriale di",numero," è ",risultato)
```

Nella funzione la condizione di questo if :

```python
if n == 0 or n == 1:
    return 1
else:
    return n * calcola_fattoriale(n - 1) #chiamata ricorsiva.
```

Come detto viene chiamata **condizione di terminazione o chiusura ricorsiva**, in quanto, quando n diventa uguale a zero o ad uno viene interrotto il meccanismo di chiamata della funzione ricorsiva su se stessa.

Invece questa:

```python
if n == 0 or n == 1:
    return 1
else:
    return n * calcola_fattoriale(n - 1) #chiamata ricorsiva.
```

Viene detta **chiamata ricorsiva, cioè la chiamata all'interno della funzione della funzione stessa.**

Si sottolinea che il parametro n che viene passato alla funzione ricorsiva nella successiva chiamata è più piccolo del valore attuale di n.

Questo in quanto, **n si deve avvicinare per arrivare,** dopo qualche esecuzione, **al valore previsto nella condizione di terminazione**.

PARTE 7 - I dizionari

In questa ultima parte parliamo di una importante struttura dati di base del linguaggio Python , **i dizionari (dict).**

In alcuni linguaggi di programmazione sono chiamati mappa o array associativo.

Un **dizionario è** una collezione **(insieme) di dati formati da coppie** (o entry) **di elementi.**

Ogni elemento è costituito da una chiave e da un valore.

In particolare:

- **la chiave** è un dato che permette di accedere all'interno della collezione di elementi ad un particolare valore.

- **Il valore** è ciò che memorizziamo all'interno del dizionario riferendosi a un particolare valore di chiave.

Come nelle liste, **un dizionario è una variabile che racchiude in un solo nome diversi dati al proprio interno**.

Questi dati come nelle liste possono essere eterogenei (cioè di diverso tipo).

Un dizionario di base non è ordinato ed è mutabile, cioè nel tempo i valori possono cambiare.

Generalizzando (in modo molto approssimativo), un dizionario può essere visto come una lista dove l'indice di accesso ai dati può essere un tipo di dato qualsiasi.

Per fare un esempio che piace tanto alle Professoresse di Matematica. proviamo a pensare ai dizionari come all'unione degli elementi di due insiemi, un insieme delle chiavi e un insieme dei valori.

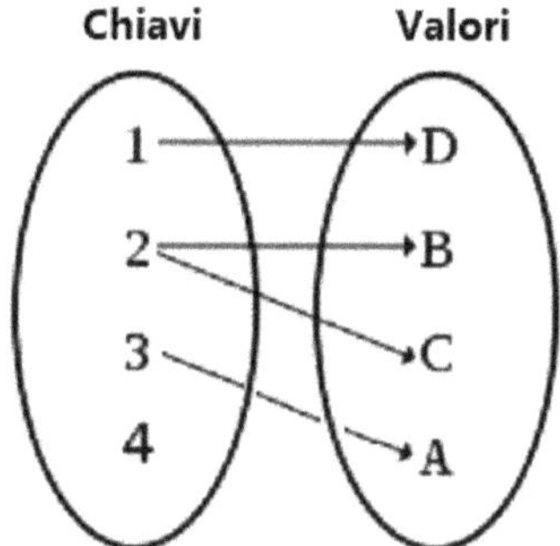

In questo esempio un dizionario D su gli elementi degli insiemi dell'immagine potrebbe essere:

{ 1:D , 2:[B,C] , 3:A }

Esercizio 91 Dizionari - Definizione Statica

Definisci in modo statico un dizionario di 5 elementi contenente l'età di alcune persone. Stampa un elemento presente nel dizionario.

```python
eta = {'Emanuele': 33, 'Eleonora':39 , 'Alberto': 69, 'Tommaso': 1}
print(eta)
#{'Emanuele': 33, 'Eleonora':39 , 'Alberto': 69, 'Tommaso': 1}
print(eta['Emanuele']) # Selezione di un elemento tramite la sua chiave
#33
```

La sintassi per creare in modo statico un dizionario usa le parentesi graffe:
variabile = { chiave : valore , … }
Quindi nel nostro esempio possiamo scrivere:

eta = {'Emanuele': 33, 'Eleonora':39 , 'Alberto': 69, 'Tommaso': 1}

Dove:
Emanuele, Eleonora, Alberto, Tommaso sono **chiavi**.
33, 39, 69, 1 sono i **valori** memorizzati all'interno del dizionario.
Sottolineamo che i valori del dizionario possono essere di qualsiasi tipologia: interi, decimali, stringhe, liste, set ecc.

Esercizio 92 Accesso in modifica su un elemento nei dizionari

Scrivi un programma che, dato il dizionario delle età dell'esercizio precedente, chieda all'utente tramite input un valore di chiave. Se esiste quel valore di chiave aggiungi uno all'età della persona. Stampa il dizionario risultato.

```python
eta = {'Emanuele': 33, 'Eleonora':39 , 'Alberto': 69, 'Tommaso': 1}
chiave=input("Digita il valore di chiave da incrementare")
#digito Tommaso ad esempio
eta[chiave]=eta[chiave]+1
print(eta)
#risultato {'Emanuele': 33, 'Eleonora': 39, 'Alberto': 69, 'Tommaso': 2}
```

All'utente viene chiesto un valore di chiave da input, ovviamente dando per scontato che questo valore esista nel dizionario.
E se il valore di chiave non c'è? Ad esempio se digitate il nome "**Antonella**", attualmente non presente nel dizionario, cosa succede nel programma?
Se non effettuo un controllo sull'esistenza della chiave il programma, con la notazione delle parentesi quadre [], avrà un malfunzionamento, pertanto è preferibile questa soluzione:

```python
eta = {'Emanuele': 33, 'Eleonora':39 , 'Alberto': 69, 'Tommaso': 1}
chiave=input("Digita il valore di chiave da incrementare")
if chiave in eta.keys():
  eta[chiave]=eta[chiave]+1
print(eta.get(chiave))
```

In questa soluzione usiamo due funzioni fondamentali per manipolare i dizionari:

- **keys()** : è una funzione che restituisce la lista completa delle chiavi presenti

- **get(chiave)**: è la funzione che, se esiste, restituisce il valore di un dizionario, associato ad una chiave, altrimenti restituisce None.

Esercizio 93 Generazione casuale di un dizionario

Scrivi un programma Python che richieda un numero intero K maggiore di zero all'utente e crei un dizionario di K elementi casuali compresi tra 0 e 100. Stampa il dizionario elemento per elemento.

```python
import random
K=int(input("Digita quanti valori inserire nel dizionario: "))
if K < 1:
  K=int(input("Digita quanti valori inserire nel dizionario: "))

#generazione , come chiave scelgo tutti i numeri tra 1 e K
dizionario={}
for i in range(K):
  dizionario[str(i+1)]=random.randint(0,100) #come valore il valore casuale

#stampa
for chiave in dizionario.keys():
  print({chiave, dizionario.get(chiave)})
```

Esempio: digitando **K=5** come numero di elementi il dizionario generato sarà:

{'1', 32}

{'2', 90}

{'3',7}

{'4', 95}

{'5',66}

str() è una funzione che <u>**converte il numero**</u> passato come parametro alla funzione <u>**in una stringa**</u>. Si usa per creare una chiave non numerica nel dizionario.

Esercizio 94: Rimozione elementi - Tondini Fuori taglia.

Un macchinario misura la dimensione di alcuni tondini di ferro. Questi tondini per essere venduti devono avere una misura standard compresa tra 180 e 200 millimetri (estremi inclusi). Quando un tondino viene tagliato esso viene memorizzato con un codice identificativo crescente. Memorizza queste informazioni in un dizionario, compresa la misura intera del tondino (generata casualmente).

Scrivi un programma generi casualmente le misure e poi scarti dal dizionario tutti i tondini fuori misura.

```python
import random
K=int(input("Digita quanti valori tondini inserire nel dizionario: "))
if K < 1:
  K=int(input("Digita quanti valori tondini inserire nel dizionario: "))
#generazione , le genero tra 160 e 240 mm.
dizionario={}
for i in range(K):
    dizionario[str(i+1)]=random.randint(160,240) #come valore il valore casuale

dizionarioRisultato=dizionario.copy()
#stampa
for chiave in dizionario.keys():
  if dizionarioRisultato.get(chiave)<180 or dizionarioRisultato.get(chiave)>200:
   #scarto il tondino
     dizionarioRisultato.pop(chiave)
print("Dizionario Iniziale",dizionario)
print("Dizionario Modificato",dizionarioRisultato)
```

In questo esercizio **impariamo come rimuovere un elemento da un dizionario**.

Per rimuovere un elemento da un dizionario esistono tre funzioni importanti:
- **pop(chiave)**: funzione che rimuove il valore avente quel valore di chiave,
- **popitem()** : funzione che rimuove l'ultimo elemento inserito
- **clear()** : funzione che cancella tutti gli elementi di un dizionario.

Attenzione! Nello scorrimento degli elementi di un dizionario NON è possibile usare il ciclo enumerativo for se durante l'esecuzione il dizionario cambia dimensione. In questo caso il programma ha un **errore di esecuzione**.

Si può scorrere il dizionario con il ciclo for solo se il dizionario durante l'esecuzione ha una dimensione che resta fissa (immutata).

Esercizio 95 Conta caratteri in una Stringa

Scrivi un programma Python che mostri quante volte sono presenti i diversi caratteri presenti in una stringa, digitata come input dall'utente.

```python
import random
str1=input("Digita la stringa da considerare")

lettere={}
for carattere in str1:
    if lettere.get(carattere) is not None:
        lettere[carattere]+=1
    else:
        lettere[carattere]=1

print(lettere)
```

Esempio: digitando come stringa **ciao a tutti**
L'output è : {'c': 1, 'i': 2, 'a': 2, 'o': 1, ' ': 2, 't': 3, 'u': 1}
In questo esercizio per controllare se esiste già una chiave corrispondente alla lettera che vogliamo inserire nel dizionario **dobbiamo obbligatoriamente usare** la funzione get per cercare se esiste già.
Non è possibile scrivere un if del genere

```python
if lettere[carattere] is not None:
```

anche se formalmente corretto, perchè qualora la chiave non esistesse il programma non sarebbe in grado di gestire l'errore di accesso ai dati.

Esercizio 96 Ordinamento di dizionari

Scrivi un programma Python che calcoli come nell'esercizio precedente quante volte sono presenti i vari caratteri in una stringa digitata dall'utente.
Questa volta però voglio avere in output l'informazione sul carattere più frequente all'interno della stringa.

Nota bene: *dalla versione 3.7 di Python questo esercizio si può risolvere in un modo diverso e più conciso rispetto a quello proposto in quanto, da questa versione, è stato implementato l'ordinamento tra dizionari. Fino a questa versione non era implementato nelle regole standard del linguaggio!*

```python
import operator
str1=input("Digita la stringa da considerare")

lettere={}
for carattere in str1:
  if lettere.get(carattere) is not None:
    lettere[carattere]+=1
  else:
    lettere[carattere]=1


#ordinamento del dizionario
lettere_ordinate = sorted(lettere.items(), key=operator.itemgetter(1),
reverse=True) #trasforma in una lista ordinata di elementi
print(lettere_ordinate[0]) #quindi per accedere al più frequente uso indice 0
#se volessi avere un dizionario ordinato
lettere_ordinate=dict(lettere_ordinate)
```

Questo esercizio è simile al precedente ma applica uno **pseudo algoritmo di ordinamento che passa attraverso le liste.**

Questo ordinamento è basato sul valore intero di conteggio presente nel dizionario associato al carattere che viene usato come chiave.

Partendo dall'esempio precedente abbiamo questa situazione:

{'c': 1, 'i': 2, 'a': 2, 'o': 1, ' ': 2, 't': 3, 'u': 1}

mi attendo questo come dizionario ordinato..

('t', 3), ('i', 2), ('a', 2), (' ', 2), ('c', 1), ('o', 1), ('u', 1)

Per fare l'ordinamento utilizzo la funzione **sorted**. Questa funzione trasforma il dizionario in una lista ordinata di elementi con all'interno sia la chiave che il valore.

Analizziamo i parametri della funzione sorted:

```python
lettere_ordinate = sorted(lettere.items(), key=operator.itemgetter(1),
reverse=True)
```

- come **primo parametro** la funzione vuole tutti gli elementi di un **dizionario**
- **una chiave (metodo di ordinamento)** che è rappresentata da una funzione della libreria operator [operator.itemgetter(1)] che è in grado di definire una modalità di accesso ai dati
- **reverse=True/False** : la dichiarazione se vogliamo l'ordinamento decrescente (False) o crescente (True) dei valori di chiave.

Il risultato sarà in una lista, quindi facilmente accessibile con gli indici posizionali.
Per tornare però ad avere un vero e proprio dizionario dovremo usare la funzione dict().

```python
lettere_ordinate=dict(lettere_ordinate)
```

dict() è un costruttore che da una lista ricostruisce un dizionario vero e proprio.

Esercizio 97 I numeri più frequenti

Scrivi un programma che generi 100.000 volte un numero compreso tra 0 e 100. Il programma deve stampare i 3 numeri che sono stati generati più spesso.

```python
import operator
import random


occorrenze={} #conterà quante volte i numeri vengono generati
listaNumeri=[]#contiene i numeri casuali
#definisco i 100000 numeri casuali in una lista
for i in range(100000):
    listaNumeri.append(random.randint(0,100))


#scorro tutti i numeri
for i in range(len(listaNumeri)):
    #verifico che esista una entry nel dizionario
    if occorrenze.get(listaNumeri[i]) is not None:
        occorrenze[listaNumeri[i]]+=1  #conto aggiungendo 1 alla chiave relativa
al valore casuale
    else:
        occorrenze[listaNumeri[i]]=1   #inserisco per la prima volta il valore nel
dizionario


#ordinamento del dizionario
occorrenze_ordinate = sorted(occorrenze.items(),
key=operator.itemgetter(1), reverse=True)
print(occorrenze_ordinate[0:3]) #stampa dei top 3
```

Questo esercizio segue la stessa logica del precedente tuttavia effettua una procedura leggermente diversa. Partendo dalla lista dei numeri generati (quindi un array/lista) va a creare un dizionario con le occorrenze di quante volte ogni singolo numero è presente.

Tramite la stessa funzione di ordinamento dell'esercizio precedente sono in grado di trovare i primi tre valori più generati.

Se il generatore di numeri casuali di Python fosse davvero casuale aumentando di tanto la quantità dei numeri generati le frequenze di generazione dei singoli numeri dovrebbero essere le stesse. Ma in realtà così non è. Per maggiori informazioni scomodate Wikipedia cercando "La legge dei grandi numeri o Gaussiana del caso".

Esercizio 98 Il massimo delle temperature

Un sensore di temperatura raccoglie ogni 5 minuti il valore della temperatura ambientale, temperatura che in questo periodo può essere compresa che può essere compresa tra 18 e 25 gradi. Il sensore usa una precisione di una cifra decimale.

Scrivi un programma Python che generi le misure rilevate in 24 ore e calcoli la temperatura più presente in quella giornata.

```python
import random
#genero la parte intera e la parte decimale sommando due random
temperature = [ (random.randint(18, 24)+0.1*random.randint(1,11)) for x in range((60//5)*12)]
conteggi = {}
for numero in temperature:
    conteggi[numero] = conteggi.get(numero, 0) + 1

numero_frequente = max(conteggi, key=conteggi.get)
print("Numero più frequente:", numero_frequente)
print(temperature)
```

Un altro modo per trovare il massimo di un dizionario è utilizzare la funzione predefinita di Python **max()**. **Questa funzione** come nel caso dell'ordinamento **ha bisogno di una funzione che sia il criterio per riuscire ad accedere ai valori.** Questa funzione è espressa con il parametro key=conteggi.get e utilizza la funzione get predefinita di Python per l'accesso agli elementi dei dizionari. Questa soluzione tramite la funzione get per creare il dizionario è nettamente più facile delle precedenti implementazioni perchè sfrutta al meglio le potenzialità offerte dalla funzione.

In questa riga che uso per memorizzare un valore del dizionario:

```python
conteggi[numero] = conteggi.get(numero, 0) + 1
```

aggiungo 1 al valore se la chiave <u>numero</u> è presente altrimenti, **qualora il dizionario non abbia quel valore di chiave, crea una nuova chiave e gli assegnerà il valore predefinito (0), contenuto nel secondo parametro, per evitare che il programma vada in errore.**

Si tenga presente che l'uso di get con il valore predefinito è possibile solo se il valore da inserire in una chiave del dizionario è un valore numerico!

Esercizio 99 Dizionario delle parole presenti - Funzioni

> Scrivi un programma che legga una stringa in input e crei un dizionario contenente tutte le parole presenti con, come valore, la loro lunghezza. Rimuovi dal dizionario tutte le parole con meno di 4 caratteri

```python
#funzione che crea un dizionario di parole dalla stringa iniziale
def crea_dizionario_lunghezze(parole):
    dizionario = {parola: len(parola) for parola in parole.split()}
    return dizionario  #return della variabile al programma chiamante

#filtra scorre le chiavi del dizionario e
def filtra(dizionario):
    dizionario_filtrato=dizionario.copy()
    for x in dizionario.keys():
        if dizionario.get(x)<4: #rimuove quelle con valore minore di 4 caratteri
            dizionario_filtrato.pop(x)
    return dizionario_filtrato

str1=input("Digita la frase su cui creare il dizionario")

dizionario=crea_dizionario_lunghezze(str1)
dizionario_filtrato=filtra(dizionario)

print(dizionario)
print(dizionario_filtrato)
```

In questo esercizio ripassiamo le funzioni e le applichiamo ai dizionari attraverso una funzione di generazione **crea_dizionario_lunghezze**(parole) e una funzione di filtro **crea_dizionario_lunghezze**(dizionario).

Nella funzione, attraverso la list comprehension e la funzione split(), genero una lista temporanea di elementi che userò per creare i vari elementi del dizionario.

Il dizionario infatti può essere creato come per le liste con la sintassi compatta. In questo caso però vanno indicati due dati: la chiave e il valore.

Fatto questo, si richiama la funzione **filtra(dizionario)** che non fa altro che scorrere il dizionario e costruirsi un secondo dizionario (dizionario filtrato), dove ogni elemento troppo corto viene rimosso tramite la funzione pop.

Esempio di input: troppe parole ci sono a questo mondo

Dizionario iniziale: **{'troppe': 6, 'parole': 6, 'ci': 2, 'sono': 4, 'a': 1, 'questo': 6, 'mondo': 5}**

Dizionario finale: **{'troppe': 6, 'parole': 6, 'sono': 4, 'questo': 6, 'mondo': 5}**

Esercizio 100 - Il gioco dell'impiccato

Per chiudere questo piccolo manuale, il classico gioco dell'impiccato.

Ho 6 tentativi per indovinare una "incredibile" parola misteriosa.

Questo esercizio riassume tante delle conoscenze e competenze che vengono affrontate in questo libro: le liste, le funzioni, le iterazioni, le operazioni con i caratteri, le condizioni logiche.

```python
def gioco_impiccato(parola):
    lettere_indovinate = ["_" for x in parola] #definisco la griglia
    tentativi = 6                #dichiaro 6 tentativi
    usate = []                   #lista delle lettere usate
    print("Benvenuto al gioco dell'impiccato!")
    while "_" in lettere_indovinate and tentativi:#fintantoche ho tentativi e lettere da indovinare
        lettera = input("\nIndovina una lettera: ")

        if len(lettera) == 1 and lettera not in usate: #controllo sull'input
            usate.append(lettera)            #la lettera viene dichiarata  usata
            #trovata è un flag che serve per dire se la lettera è stata trovata
            trovata = False
            for i in range(len(parola)): #aggiorno la parola misteriosa con la nuova lettera
                if parola[i] == lettera:
                    lettere_indovinate[i] = lettera
                    trovata = True
            if not trovata:        #se sbaglio decremento i tentativi
                tentativi -= 1

        print(' '.join(lettere_indovinate))
        print("Tentativi rimasti:",tentativi,"\nLettere usate: ",' '.join(usate))

    #dichiaro la vittoria o la sconfitta
    if "_" not in lettere_indovinate:  #se non ho _ nella parola risultato ho vinto
        print("Hai vinto!")
    else:
        print("Hai perso! La parola era ",parola)

parola_da_indovinare = "python"
gioco_impiccato(parola_da_indovinare)
```

È possibile modificare il numero di tentativi e la parola da indovinare direttamente da codice.

In alternativa, tramite questa seconda versione, è possibile creare una semplice raccolta di parole da cui il programma attinge per scegliere una parola casuale che l'utente dovrà indovinare.

Questa è funzione generaParola che genera una parola da indovinare.

```python
import random

def generaParola():
    parole= ["amore", "acqua", "casa", "albero", "cielo", "strada", "mare",
"vento", "fuoco", "amico","scuola", "libro", "lavoro", "giorno", "notte",
"musica", "parola", "arte", "vita", "citta", "cane", "gatto", "pizza", "famiglia",
"lingua", "terra", "pioggia", "ragazzo", "ragazza","tempo", "verita", "futuro",
"passato", "natura", "ricordo", "sogno", "volo", "fiori", "bambino","dolce",
"riso", "carne", "spazio", "cibo", "ombra", "vino", "freddo", "caldo", "bianco",
"nero","rosso", "giallo", "verde", "mattina", "sera", "notizia", "spiaggia",
"stelle", "colore", "sorriso", "anima", "luce", "giostra", "pensiero", "profumo",
"caramella", "vento", "cavolo", "forchetta","matita", "sedia", "telefono",
"finestra", "parco", "fantasia", "sole", "cuscino", "chitarra","balcone",
"orologio", "cuscino", "sciarpa", "quaderno", "lampada", "radio", "ventola",
"sciarpa","navigatore", "sciarpa", "televisione", "finestra", "mare",
"montagna", "computer", "porta","riscaldamento", "soffitto", "mattone",
"ventola", "giardino", "luna", "lampada", "cioccolato"   ]

    parola_da_indovinare = random.choice(parole)
    return parola_da_indovinare

parola_da_indovinare= generaParola()
```

Questa funzione può essere inserita poi nel programma precedente ed in questo modo la parola per l'utente la parola sarà assolutamente casuale.

CONSIGLI FINALI

Concludendo: questo libro ti ha guidato, attraverso una serie di 100 esercizi di programmazione Python, a fare pratica ed imparare qualche concetto nuovo.

Attraverso questi esercizi, hai avuto l'opportunità di esplorare diversi aspetti della programmazione, acquisendo competenze sui concetti fondamentali e buone pratiche di programmazione.

Python però è molto più di questi semplici esercizi.

Ci sono decine di librerie e di applicazioni possibili che puoi imparare partendo dalle strutture base che abbiamo analizzato in questo piccolo manuale.

Gli unici consigli che posso darti sono quelli di non smettere di essere curioso, di non arrenderti al primo errore nel codice che incontri e di cercare di mantenere allenata la mente.

Programmare in fondo, come in tutte le cose, richiede anche una componente di allenamento e di determinazione.

Buona fortuna!

Per consigli, suggerimenti e nuovi esercizi che vorresti vedere
nella prossima edizione di Python Learning By Doing
scrivi all'autore: pythonlearningbydoing@gmail.com